MOI, MES HISTOIRES

RÉGINE

Avec le concours
d'HERVÉ PONS

MOI, MES HISTOIRES

ÉDITIONS DU
ROCHER

ISBN 2 268 05672 4

Je dédie ce livre à
ma sœur Évelyne.

De toute manière

Toi qui croyais de toute manière que la vie, c'était ça
Toi qui croyais de toute manière que la vie c'était moi
Regarde tous ces amours perdus et tous ces oiseaux disparus
Regarde-toi, regarde-moi, regarde-nous
Regarde ce qui s'est passé, regarde ce qui est resté
Regarde-toi, regarde-nous, regarde-les.
De toute manière.

Françoise Sagan

J'avais déjà pas mal roulé ma bosse à travers la nuit et tricoté des jambes dans tous les thés dansants et boîtes de Saint-Germain. Les gens commençaient seulement à fréquenter les Champs-Élysées. Je m'installais dans une nouvelle carrière. À moi seule je cumulais les emplois de barmaid, d'hôtesse, de dame pipi et de portière au Whisky à Gogo, rue du Beaujolais, derrière le Palais-Royal. J'avais décidé le patron de reprendre ce bar. Il était tellement sceptique qu'outre le ménage nous n'avions fait aucun travaux. Le décor restait le même, bouteilles de whisky aux murs et tissu à carreaux. Il y avait des casiers fermant à clef où les clients pouvaient ranger leur bouteille. Cela existait avant mon arrivée, j'ai rendu le concept... VIP ! Un mot peu connu à l'époque que je rendrais célèbre en instituant le fameux carré VIP où tous les gens voudront être et continueront à vouloir y être. Je me taille d'emblée une réputation de pile électrique et de jeune femme décidée, pleine d'humour et d'énergie.

J'avais vingt-trois ans et, selon la façon dont les gens se présentaient à la porte, je les laissais entrer ou pas. Je venais de créer mon premier club privé. Je traînais derrière moi la « bande de *Match* » – un magazine de très haut niveau, réputé pour ses reportages de guerre – qui fréquentait avec assiduité ma cave à l'escalier le plus abrupt de Paris, tout comme d'ailleurs la troupe de la Comédie-Française menée par Jacques Charon et Robert Hirsch qui s'étant pris d'affection pour moi m'amenait souvent des personnalités de talent. En peu de temps, ce bar, prétendument sans avenir, tenait ses promesses et ne désemplissait pas. On y croisait Cocteau, Jean Marais, Jean d'Ormesson, quelques Rothschild, quelques princes, Sacha Distel et toutes ses conquêtes... Le patron du Grand Véfour, M. Oliver, m'aidait beaucoup en cela. Il m'amenait tous ses clients internationaux, très riches et très beaux. La beauté tenait déjà une grande place dans ma vie. Au Whisky à Gogo on venait voir « la patronne » tourner comme une toupie avec un verre sur la tête, et ramasser un mouchoir par terre avec les dents ! On aimait bien aussi se casser la gueule en dansant sur la piste, que j'avais pris soin de graisser avant que tout le monde n'arrive.

C'est là que, jeune fille, j'ai inventé le concept de la discothèque, sans savoir que cela deviendrait un succès mondial. Si j'avais pu le prévoir, je l'aurais déposé ! Pour que les types cessent de mettre des slows et d'ennuyer tout le monde en roulant des pelles à leurs copines pendant des heures, j'avais jeté le juke-box et à l'aide de deux tourne-disques, je passais moi-même la musique, et surtout pas de slow. Je lançais le cha-cha-cha. J'avais peint les lampes de couleurs différentes et je m'amusais à faire des effets en tapotant sur le tableau électrique... Porfirio Rubirosa, que j'évoquerai plus tard, m'amenait la clientèle la plus chic, drôle et atypique de Paris. On ne servait quasiment que du whisky... Une vraie folie. À l'époque le champagne était mal vu, car les femmes pensaient que ça faisait entraîneuse et vieux jeu...

J'avais déjà, disons-le pudiquement, un caractère bien trempé. Mariée à seize ans, mère et divorcée à dix-neuf ans, j'avais été représentante en lingerie. Je traînais à bout de bras des valises pleines de dessous affriolants de part et d'autre de Paris avant de travailler dans ce monde merveilleux qui me passionnait depuis longtemps, celui de la nuit et de la danse. J'ai toujours gagné ma croûte. Seule, et sans ressources, je travaillais dur. Ma belle-mère, la dernière femme de mon père, celle que j'appelais le Titanic, avait fait en sorte que je sois mariée sous le régime de la séparation de biens pour ne pas avoir à débourser de dot, qui de toute façon n'existait pas. Quant à mon ex-mari, il n'était pas particulièrement généreux. Il n'était pas riche non plus. Il le deviendra plus tard. Cocue, ce qui m'avait terriblement vexée me croyant irrésistible, je n'avais pas trouvé d'autre moyen que de me faire prendre moi-même en flagrant délit d'adultère pour parvenir à divorcer... Je ne savais pas que la présence d'un commissaire de police était nécessaire, le constat d'huissier à 6 heures du matin, a été épique. J'avais peu d'expérience et de drôles d'idées, mais la vie filait, les événements s'enchaînaient sans que je trouve à tout ceci rien d'incroyable ou de surprenant. Cela ne changera jamais d'ailleurs. Je m'amusais, mon caractère s'affirmait et mon franc-parler faisait déjà couler de l'encre. Je ne savais pas encore que j'allais rencontrer l'amie à qui je vouerais à vie une tendresse et une amitié indéfectibles.

Philippe Charpentier, journaliste à *Paris-Match*, un ami disparu, hélas trop jeune, m'appelle un soir pour m'annoncer qu'il viendra quelques heures plus tard en compagnie de Françoise Sagan. Elle fera là sa première sortie en boîte, entourée certainement de quelques photographes. Chouette ! Je venais juste de terminer son livre.

J'avais vingt-quatre ans. Elle en avait dix-huit. Un succès flamboyant couronnait son premier roman et les derniers éclats d'une adolescence dorée. *Bonjour tristesse*. Elle m'a embrassée en courant d'air, comme elle embrassait tout le monde. Soit elle embrassait sur la bouche, soit pas du tout.

Désinvolte, un petit air mélancolique, la tête penchée, elle descend l'escalier, s'installe au bar. Talons plats, pantalons à carreaux, pull-over clair.

– Bonjour Françoise.

– Bonjour Minou.

Nous avons eu notre premier fou rire. Un fou rire qui allait durer toute la vie. Elle parlait très vite, était visiblement très timide, voulait se planquer au fond de la salle pour que, surtout, personne ne la voie.

– J'aimerais bien pouvoir venir ici tout le temps, pour y être tranquille, sans photographes...

– Il n'y aura des photographes que si tu le veux, et surtout quand tu le veux.

– C'est vrai, mais il y a bien des interviews que je serais obligée de donner... si tu es d'accord, je les ferais bien toutes ici...

L'heure de l'ouverture du Whisky à Gogo dépendait désormais de celle des interviews de Françoise. 18 heures, 17 heures, 16 heures... nous avons fini par être ouverts 24 heures sur 24. Car évidemment nous ne nous couchions jamais avant que l'ensemble des employés parisiens n'aient bu leur premier café... Ainsi notre aventure de nuit se prolongeait le jour, nous allions déjeuner chez Lipp ou au Café de Flore, nous parlions pendant des heures, écoutions de la musique, et, comme Françoise détestait les salons de beauté, nous faisions un soin tous les quinze jours à la maison. Je jouais à l'esthéticienne et Suzon, ma gouvernante, nous contemplait en se marrant.

– Minou, Minou, tu sais bien que je n'aime pas que l'on me tripote la figure...

– Pour le moment, c'est la figure !

Nous plaisantions beaucoup sur tout, sur rien, mais surtout sur nous. Je faisais venir mon coiffeur pour la teindre en blonde, je la maquillais... Une fois le tout terminé, Françoise se plantait devant le miroir, un peu dubitative, elle appelait Suzon qu'elle adorait, lui demandait d'un air entendu son avis et Suzon décrétait :

– Ça ne vous va pas bien du tout !

Françoise sautait de son siège, se passait la tête sous l'eau, jetait à l'égout les kilos de fond de teint et de fards avec lesquels je l'avais tartinée et se barrait les lèvres d'un rouge à lèvres très, mais alors, très, très rouge. Malicieuse. Finalement c'est le seul maquillage qu'elle tolérait.

Françoise a eu les amants et les maris qu'on lui connaît. Ils ont tous eu de l'importance. Nous parlions beaucoup ensemble de nos conquêtes, coups de cœur et aventures mais toujours avec beaucoup de pudeur et de respect. En pointillé... En revanche la discrète et néanmoins très efficace attraction qu'elle exerçait sur les femmes n'a jamais cessé de me fasciner. Souvent, elle me disait, comme une boutade, un cri de guerre ou une pirouette amusée :

– S'ils savaient qu'en même temps je flirte avec leur sœur...

Longtemps Françoise m'a fait la cour, on s'adorait et je crois que si j'avais eu le moindre désir saphique je n'aurais pas hésité une seconde. Je lui avais promis d'ailleurs qui si l'envie me prenait, elle serait la première. Beaucoup pensaient que nous étions ensemble, jamais nous n'avons démenti ! Lorsque au petit matin nous passions rue de Valois avec sa grosse Chevrolet et qu'elle arrachait quelques ailes de voitures, elle me disait :

– Ce n'est pas grave Minou...

Rien n'était jamais grave pour elle, rien n'était jamais grave entre elle et moi. Nous avons connu une incommensurable histoire d'amitié amoureuse et cérébrale, même si elle ne comprenait pas qu'une aventure avec elle aurait peut-être signifié pour moi la fin de quelque chose. Pour elle, l'amour était un jeu, elle ne prenait pas ça forcément au sérieux, sauf lorsqu'elle était profondément amoureuse... Si seulement j'avais pu être lesbienne ! Je crois que mes années de pensionnat où la nuit les petites filles rapprochaient leurs lits, soi-disant pour se tenir chaud, m'avaient certainement traumatisée et m'empêchaient, adulte, de passer à l'acte. J'avais quand même foutu une mandale à l'une d'elles ! J'avais douze ans, j'étais choquée et je n'aimais pas que l'on me prenne par surprise. Idiot non ? Peut-être...

Françoise a été la femme la plus importante de ma vie, nous nous vouions, elle et moi, un amour courtois. Elle avait un humour fou, connaissait les gens et les choses, côté pile et côté face. Elle était généreuse et attentive. Elle m'a fait découvrir l'art et la littérature, George Sand, Pascal, Sarah Bernhardt et Proust qu'elle m'avait non seulement offert en édition reliée mais aussi en poche pour être certaine que je le lise ! Non seulement elle me guidait dans mes lectures, mais en plus elle m'expliquait et m'offrait les clefs que je n'avais pas. D'humeur et d'esprit, nous étions semblables, j'étais juste la version rudimentaire d'elle-même ! Nos conversations n'avaient jamais de fin et notre relation était tellement fusionnelle qu'elle m'a offert pendant dix-sept ans tout l'attirail du parfait fumeur, longs fume-cigarette compris. Lorsqu'elle l'a eu épuisé, elle m'a offert, pour aller avec, une sublime robe de chambre noire avec un boa noir de chez Dior. Là, enfin, j'ai osé lui avouer :

– Françoise, tu sais... Je n'ai jamais fumé de ma vie !

– Mais Minou, je t'ai toujours vue dans un nuage de fumée...

– Oui mais c'était la tienne...

Françoise avait le goût de recevoir, elle donnait chez elle des fêtes somptueuses où l'on retrouvait Ava Gardner, Frank Sinatra, des grands noms de la littérature et des stars, des metteurs en scène confirmés et jeunes artistes qu'elle savait repérer. Ils étaient incroyablement attirés par elle et elle savait les mettre en valeur. Personne n'a jamais refusé une invitation de Françoise. Elle était élégante, totalement détachée de l'argent qu'elle dépensait allègrement, ce qui ne l'empêchait pas d'être délicate avec ses amis et son personnel. L'alcool coulait à flots. Quant à moi je ne buvais pas. Cependant tout le monde imaginait que je suivais le même régime liquide !

Même Françoise ma meilleure amie qui vivait tous les soirs avec moi disait :

– Minou, Minou, tu tiens bien le coup dis donc !

– Normal, tu sais bien que je ne bois pas...

– Oui, c'est vrai... Écoute, bois du Fernet-Branca, tu verras il n'y a pas d'alcool dedans et c'est très bon pour l'estomac.

– Mais je n'ai pas mal au ventre

– Faut que tu boives quelque chose de coloré !

Alors je mettais des glaçons dedans et j'en buvais trois ou quatre, bien que ça ait le désagréable goût d'un médicament. Un jour, par hasard, je regarde la bouteille : 43 % ! Et moi qui me trouvais de bonne humeur ! Françoise s'est toujours moquée de ma naïveté. Si je ne bois pas, en revanche j'aime l'ivresse. Les gens que je fréquentais étaient brillants et l'alcool leur donnait mille et un reflets. Rien à voir avec ceux qui se jettent du champagne à la figure et passent la moitié de leurs nuits malades... Mes amis respectaient ce qu'ils buvaient, même si c'était de l'eau.

Évidemment Françoise était de tous mes dîners, et notamment lors de mes mardis « littéraires », où nous nous délections de tout ce qui se disait. Nous avons ainsi été les laborieuses ouvrières de la réconciliation historique entre Annabelle et Juliette Gréco. Enfin, Françoise la commandante en chef et moi le lieutenant du génie. Jeune, j'avais vu chanter Annabelle habillée en smoking au Carol's. Une boîte très chic pour dames, fréquentée par le Tout-Paris et le show business, que dirigeait Danny Dauberson, une femme sculpturale dont Maria Félix, entre autres, était folle amoureuse. J'y avais traîné mon premier mari de force à son ouverture ! J'ai toujours beaucoup aimé fréquenter les lieux homos, il y a dans l'ambiance un je-ne-sais-quoi de ludique, d'espiègle, de libertaire, et de fraternel. Annabelle ne possédait pas une très belle voix, mais elle avait du charisme et une belle ambivalence. Bien que cela ne m'étonnerait pas que Françoise y ait été mêlée, on ne saura jamais vraiment ce qui était à l'origine de sa brouille monumentale avec Juliette. L'essentiel était qu'elle cesse. Pour cette réconciliation, nous avions réuni dans mon appartement Georges Cravenne, Hélène Lazareff, Carmen Tessier et son mari, André-Louis Dubois, le préfet qui me mariera plusieurs années plus tard en 1969 avec Roger Choukroun – Françoise était, bien entendu, mon témoin –, Bernard Buffet, Juliette Gréco, Annabelle et Paul Chantrel, directeur littéraire chez Plon, un homme beau et cultivé que je fréquentais beaucoup... Nous étions une douzaine. Ambiance tzigane, caviar et vodka, il fallait bien cela pour un rabibochage dans les règles de l'art. L'apéro à peine achevé, nous nous embrassions tous et toutes avec une effusion non contenue. Tout au long du dîner, bras dessus bras dessous, nous buvions et nous nous étreignions à la russe. À bouche que veux-tu ! Vers 23 heures plus personne ne tenait debout. À minuit, tout le monde descend au Jimmy's malgré les vociférations de Suzon qui veut m'en empêcher ! Je me jette un nuage de poudre au visage et file avec ma joyeuse bande. C'est une des grandes énigmes de ma vie, je n'ai jamais su comment je suis remontée chez moi, et me suis réveillée nue devant mon Frigidaire. Je n'ai jamais retrouvé ma robe ! Je venais de prendre la première cuite de ma vie. Il a fallu faire venir mon médecin. Je n'ai pris que trois cuites dans ma vie, la première, il faut l'avouer, fut mémorable. L'entreprise méritait bien cela. En revanche, ce dîner vit naître une passion qui défraya la chronique entre Paul Chantrel et Hélène Lazareff. Je ne le sus que quelques mois plus tard ce qui m'amena l'inimitié de

M. Lazareff. Qui plus est ce fut l'occasion d'une brouille entre Bernard Buffet et moi. Comme jamais il n'avait été aussi saoul de sa vie, il a cru que j'avais mis quelque chose dans la vodka ! Nous n'avions bu que quatorze bouteilles... À douze. Dont quatre qui n'y avaient pas touché.

Personne n'a eu à nous réconcilier Françoise et moi, jamais nous n'avons eu de brouille, elle était le pilier de la famille que je construisais. Elle discutait beaucoup avec Suzon qui tenait une grande place dans ma vie. Trente ans de fidélité et d'engueulades.

– Françoise a téléphoné, elle n'avait pas l'air bien.

– Elle vous a dit que cela n'allait pas bien ?

– Non, mais je le sais, je lui ai dit que vous rentriez à cinq heures, elle sera là.

Lorsqu'on demandait à Françoise pourquoi elle passait tout son temps dans les boîtes de nuit, elle répondait :

– Et vous ? Pourquoi passez-vous tout votre temps dans les boîtes de jour ?

Pour elle j'étais la reine noire de ses nuits blanches.

À une époque où j'étais particulièrement ronde, c'est-à-dire au moins cinq kilos de trop, j'ai décidé de partir, seule, au Club Med d'Agadir, persuadée que le système de boules que l'on porte en collier autour du cou, et dont on se sert pour avoir des boissons et de l'alcool, servait aussi pour avoir de la nourriture ! Je trouvais cela tellement stupide que je pensais ne jamais oser me rendre au buffet. CQFD : je maigrirai ! Aux grandes œuvres les grands moyens. Je prépare mon séjour dans la plus stricte discrétion. Mais un jour Françoise me pose l'inévitable question :

– Minou, où vas-tu ?

Je lui explique ma fumeuse théorie du régime Club Med, ça la fait rire. Le lendemain, elle m'appelle :

– Je veux venir avec toi !

– Mais comment vas-tu faire pour l'alcool ? Tu ne veux pas qu'on te voie « picoler » ?

– Tu iras toi... Et puis ma sœur Suzanne est épuisée alors elle vient aussi !

Je raconte cette histoire à Lionel, mon fils s'enthousiasme et décide de s'embarquer dans l'aventure. Lionel adorait Françoise, ils étaient très proches, elle l'avait hébergé pendant deux ans chez elle.

Évidemment, sur place j'étais la préposée aux bouboules, pour les alcools, pour les alcools seulement... quelle addition cela a fait ! J'avais en revanche réussi à négocier que le dîner soit servi sur notre terrasse, ce qui rendait fou notre voisin, qui n'était autre que l'associé de Gilbert Trigano et qui, lui, devait aller au buffet n'osant pas profiter des avantages de sa situation.

Baba Dris, un étudiant marocain, lieutenant dans l'armée, que m'avait recommandé le prince Moulay Abdallāh, frère du roi Hassan II, venait tous les jours avec son camion militaire derrière le Club Med pour que Françoise et moi puissions téléphoner à notre aise avec le téléphone de campagne, et ne plus squatter le bureau du directeur du club... Je suis rentrée à Paris avec mes kilos et Françoise est restée huit jours de plus... Notre présence remarquée a fait de cette ouverture du Club Med à Agadir un lieu très tendance.

Un jour, un type très élégant et un peu snob vient me voir et me demande si j'étais bien avec Françoise Sagan au Club Méditerranée d'Agadir, il y a quelques mois. Je lui confirme, étonnée d'une si étrange question. Il n'en revenait pas, son comptable lui avait raconté qu'il jouait tous les jours au ping-pong avec Françoise Sagan et il ne voulait pas le croire !

Françoise n'aimait pas Roger, mon second mari, avec qui j'ai vécu trente-quatre ans, et il le lui rendait bien. Il ne comprenait pas un mot de ce qu'elle disait et elle ne faisait aucun effort pour être entendue de lui. Devant tant de « mauvaise volonté », Roger disait que si moi je pouvais la comprendre c'est parce que j'étais belge ! Il ne l'aimait pas parce que je l'aimais trop. Il était jaloux de notre complicité et ne supportait pas que j'aille au bout de la nuit avec Françoise. J'avais du mal depuis notre mariage à tenir la promesse que je lui avait faite de rentrer tôt. Alors Françoise se faisait un plaisir de m'écrire des mots d'excuses :

> « *Mon cher Roger,*
> *Régine n'a pas pu rentrer à quatre heures comme il était prévu car j'ai perdu ma clef et je ne peux pas rentrer chez moi. Comme nous ne pouvons pas dormir à trois Régine m'a tenu compagnie...*
>
> *Françoise* »

Je crois que Françoise était la personne dont Roger était le plus jaloux.

Le tragique accident de voiture qui est arrivé à Françoise a bouleversé sa vie. Elle ne s'en est jamais remise. Par la suite elle est devenue un peu dépressive et surtout elle a eu d'énormes problèmes d'argent. On l'a mêlée ensuite à des choses dégueulasses, des gens ont profité de son amitié pour la traîner dans des aventures immondes. Je n'étais pas d'accord et je le lui ai dit, mais, pour elle, tout cela n'avait pas grande importance. Je connais sa droiture et je sais que tout ce qui a été dit d'ignoble sur elle était faux. Je ne comprends pas comment la France a pu lâcher ainsi l'un de ses plus grands écrivains. Nous avons tout de même la preuve que cette petite bourgeoisie mesquine sur laquelle elle écrivait délicieusement ne la supportait pas.

Françoise m'en a voulu lorsque j'ai commencé à ouvrir mes licences dans le monde entier, je voyageais tout le temps, de boîte en boîte, et l'on ne se voyait plus avec la même régularité. Je n'étais plus là tous les soirs, j'avais rompu le fil du quotidien, nos conversations complices. On ne pouvait plus rire le lendemain des bêtises de la veille. Cependant, où que je sois dans le monde, je recevais toujours pour mon anniversaire le 26 décembre, un cadeau accompagné d'un petit mot de Françoise.

Elle m'a clairement demandé d'arrêter cette vie et de revenir à Paris.

Elle m'engueulait parce que je ne chantais pas assez, elle me disait que si je ne m'étais pas occupée de toutes mes boîtes à travers le monde, je serais aujourd'hui la plus grande chanteuse réaliste française. Rien que ça! Elle passait des heures à écouter mes chansons, sa préférée était *Attends-moi* écrite par Frédéric Botton:

Attends-moi la roue tourne et toi tu t'en vas
La vie passe et toi tu ne vois pas que je suis là
Attends-moi, il y a si longtemps que je t'attends
Il y a si longtemps qu'à chaque instant, je pense à toi
Toi qui crois que tu vivras toujours comme ça
Au hasard de ton cœur qui bat, rien que pour toi
Attends-moi, tu sais bien que de jour en jour tout s'en va.

L'humour de Françoise sur mes conquêtes était à mourir et souvent très cruel. Elle se trompait rarement. Un de mes jules en particulier lui faisait dire: « Il ferait un parfait maître d'hôtel, il a toujours le briquet à la main! » Cet homme, au demeurant charmant, m'inondait de bouquets de fleurs et de lettres d'amour que je faisais, évidemment, toutes lire à Françoise. Il était sous-directeur d'une banque à la Madeleine, je l'avais rencontré sur le tournage du *Samouraï* où Alain Delon m'avait invitée. C'était un bel homme, la trentaine, précieux. Nous avons eu une belle aventure, je l'ai introduit dans le monde chic où il s'est parfaitement adapté et a fait deux beaux mariages... Cette liaison a beaucoup agacé Françoise qui avait une piètre opinion du personnage. Je subissais les critiques de mon amie qui démolissait automatiquement les hommes qui me faisaient la cour. Elle était très romantique mais réaliste. Elle a eu une influence énorme sur mes choix de vie.

Nous nous sommes parlé quelques semaines avant sa mort.

Elle ne voulait plus qu'on aille la voir. Pudique, elle s'enfermait chez elle, elle souhaitait une mort discrète. Lors de l'un des derniers dîners qu'elle a organisés, il y avait Johnny, Pascal Obispo... Elle n'est restée que cinq minutes et s'est retirée dans sa chambre, je suis allée la rejoindre.

– Va, va Minou. Je suis fatiguée. Occupe-toi d'eux et amuse-toi.

Je ne suis pas allée à l'enterrement de Françoise. Je ne supporte pas les enterrements. J'ai trop de chagrin. Je ne peux pas m'empêcher de penser aux moments drôles. Je suis restée seule, enfermée chez moi, plusieurs jours à relire ses petits papiers. Un enterrement, c'est comme dire un adieu total, je ne peux pas dire adieu à Françoise, elle est là, je pense à elle. Souvent cette phrase me traverse l'esprit :

– Tiens ! Ça, ça ferait rire Françoise...

Quelques jours avant sa mort, nous étions quelques amis réunis au Mathis un bar près des Champs-Élysées tenu de main de maître par Gérald Nanty, un grand ami de Françoise. Frédéric Beigbeder a eu l'idée de faire passer une feuille sur laquelle nous lui écrivions tous un petit mot. J'ai noté :

– Qui va désormais faire mes mots d'excuses quand je ne rentre pas ?

Pierre Palmade était là, il la connaissait peu et pourtant il a écrit la phrase la plus belle que l'on puisse écrire à Françoise: « La mort ne vous arrive pas à la cheville. »

Je ferme le grand livre de la nuit

Quand vient le petit jour
Quand la fête est finie
Il faut ranger l'amour avec les confettis
Il faut partir ailleurs
Et j'ai quitté le lit où traînait ton odeur
Et toi tu n'as rien dit
C'était fini les géraniums
Qui courent à longueur de balcon
Je partais voir les boules de gomme
Mûrir sous un soleil de plomb.

C. Desage

Aujourd'hui j'ai soixante-quinze ans. J'ai déjà raconté dans le détail l'enfance, la famille, les pentes de Belleville, Cannes, Saint-Tropez, la nuit... dans deux précédents ouvrages[1]. Dans le plus récent, *Mes Petits Papiers*, je me montre telle que je suis aux yeux de ma petite fille : la femme d'affaires et d'idées, l'hôtesse excentrique qui parcourt le monde pour ses boîtes de nuit. Je n'avais pas encore pris la décision de changer de vie. Il y a désormais huit ans, j'ai choisi de refermer le grand livre de la nuit que j'avais ouvert en 1954. Il m'a fallu du temps, mais je peux aujourd'hui me consacrer à mes premières amours, la chanson et la scène. Pourquoi ai-je ainsi clos cinquante années de nuits endiablées et de fêtes ?

J'ai décidé de l'expliquer parce qu'il y aura toujours un opportuniste qui affirmera m'avoir mieux connu que les autres, et écrira ma biographie en collectionnant les... « conneries ». Je préfère le faire moi-même !

---

1. *Appelle-moi par mon prénom*, Robert Laffont ; *Mes Petits Papiers*, Pauvert.

Certes je suis un personnage public et un personnage fort en gueule, cependant, malgré les apparences, je suis extrêmement pudique. Au bout de cinquante ans de nuit, je me sentais comme le tronc d'un arbre immense dont les branches étaient devenues bien trop lourdes. Il a fallu les couper, patiemment, les unes après les autres, me libérer de tous ces contrats, ces licences que j'avais semés de par le monde. Je voulais honorer tous mes engagements et me retirer de la nuit avec le plus d'élégance possible. C'est une des raisons pour lesquelles il m'a fallu presque dix ans pour enfin être libre. Et je le suis.

J'entre en limonade à seize ans. Joseph, mon père, me convainc de m'occuper du café qu'il vient d'acheter en me promettant, comme d'habitude, monts et merveilles. Plus précisément : la moitié de la recette ! Je serais la patronne, je m'occuperais de la caisse et des employés et surtout je vivrais « au-dessus de mes moyens ». Dans l'appartement, du premier étage. Un deux-pièces sans salle de bains dont la porte de la chambre donnait sur le restaurant. J'ai souvent, depuis, vécu au-dessus de mes moyens ! Quoi qu'en dise ma belle-mère de l'époque, je ne passe pas le plus clair de mon temps à lire *Autant en emporte le vent* derrière le comptoir... La Scarlett de Belleville sort la terrasse tous les matins à 5 heures, la rentre le soir à la fermeture, remplace la cuisinière ou le plongeur quand il le faut, s'occupe des clients, taille la bavette, fait régner l'ordre... Sans un jour de répit...

La lumière de Belleville est une prison dorée, enfin... dorée, faut le dire vite! Les moments volés au joug du zinc, je les passe dans les nombreux cinémas du boulevard où je découvre la comédie musicale, Fred Astaire et Gene Kelly, les films d'horreur et d'épouvante. Les grandes stars américaines de l'époque me fascinent, je ne savais pas encore qu'elles se serreraient toutes comme des sardines quelques années plus tard dans la boîte la plus fameuse que j'ai jamais eue: le Jimmy's à Montparnasse. Je fréquentais aussi les Folies-Belleville, le Music-Hall, gratis, car le directeur était le père d'une copine de pensionnat. J'y ai vu Édith Piaf et son amant, un jeune chanteur fou d'amour, Yves Montand, Charles Trenet, Francis Lemarque, Fréhel... J'y ai vu aussi les débuts de Line Renaud en petite robe bleue. C'est là que Loulou Gasté l'a remarquée et en a fait sa femme. À cette époque, alors que mon père œuvrait avec effervescence à me marier avec le fils de l'un de ses créanciers – afin d'empocher une dot rondelette et de rembourser toutes ses dettes – j'ai rencontré Paul, un jeune homme beau, pauvre, ouvrier en maroquinerie. Il me fabriquait de merveilleuses chaussures, mon péché mignon. Je l'ai épousé, au grand dam de mon père qui finira bien par se calmer! Enfin, le fut-il calme un seul jour de son existence, ce père-là, je ne le crois pas. Avec Paul, nous aurons un fils. Le quotidien d'une mère au foyer n'était pas fait pour moi. Ma tête bourdonnait de trop de rêves plus fous les uns que les autres. Mon mari souvent absent pour son travail, je confiais mon fils à une nourrice, une concierge du quartier, et je sortais, et je dansais. Les relations conjugales se sont rapidement détériorées. Malgré un conseil de famille qui a tenté de nous ramener à la « réalité » et un bref passage chez un psychanalyste – ça commençait à être à la mode –, l'inévitable issue s'est imposée : le divorce.

Peu après notre séparation, je me suis retrouvée à Juan-les-Pins, où je travaillais dans une boutique le jour et je dansais la nuit. La patronne du Vieux-Colombier, la boîte à la mode, m'a repérée, ainsi que deux amies, et nous invitait tous les soirs pour que nous mettions de l'ambiance. J'étais une petite boule rousse énergique qui ne passait pas inaperçue, on m'appelait même « la toupie tournante » ! J'ai inauguré sur la côte, en avant-première de mes nuits parisiennes, mon numéro de danseuse acrobate avec un verre sur la tête. Je dansais parfois avec un jeune homme qui faisait un numéro de cabaret tous les soirs et rêvais de devenir acteur : Jean-Pierre Cassel.

Nous fréquentons la jeunesse dorée, le monde snob, chic et voyou. Je commence à constituer mon clan, et j'approche des gens comme Henri Salvador, Moustache, Eddie Constantine, Sydney Bechett, Aly Khan, Darryl Zanuck, et le Tout-Hollywood.

De retour à Paris, vendeuse le jour, je passe mes nuits au Carol's, dans son pendant masculin le Fiacre, au Whisky à Gogo et dans les bars huppés des Champs-Élysées comme le Val d'Isère, l'Ascot ou le Silène. J'y retrouve Daniel Gélin, Henri Vidal – le mari de Michèle Morgan – et toute une bande d'acteurs pleins de gaieté et d'humour en toutes circonstances. J'étais très intriguée par ce monde-là et je souhaitais m'y intégrer. Je commence à avoir du mal à concilier vie diurne et vie nocturne, même si, c'est un don de la nature, je n'ai besoin que de très peu d'heures de sommeil pour me reposer. Un amoureux de l'époque représentant en Cocotte-Minute, me dit, sous le coup d'une subite inspiration :

– Tu es faite pour vivre la nuit, pourquoi ne cherches-tu pas quelque chose à faire entre 8 heures du soir et 6 heures du matin. Parles-en donc au patron du Whisky à Gogo.

Il ne m'en fallait pas plus pour lâcher la pression !

J'étais un des piliers du Whisky à Gogo que le patron avait déménagé de la rue du Beaujolais aux Champs-Élysées. Les six premiers mois, le lieu ne désemplit pas, mais peu à peu la clientèle, d'abord très chic, se dégrade. C'est qu'il n'y a pas de véritable contrôle à la porte. Lorsque la clientèle des beaux jours est là on ne laisse entrer personne, lorsqu'elle déserte, on laisse entrer n'importe qui. Pour moi, il faut toujours qu'une porte soit ouverte ou fermée. Même si ma boîte est vide, il n'est pas question que je laisse la voie libre aux indésirables.

À force de persuasion, je finis par convaincre le patron de rouvrir la rue du Beaujolais et surtout de m'en donner les clefs ! Le Palais-Royal revit, l'endroit s'appelle toujours le Whisky à Gogo, au bout de deux mois, sa réputation est faite et nous sommes complets tous les soirs. Je m'occupe de tout, veille sur tout, exige de mes serveurs qu'ils soient aussi chic et bien élevés que ma clientèle et *vice versa*. Le Tout-Paris afflue, les pensionnaires de la Comédie-Française viennent en voisins et Darryl Zanuck, le grand producteur américain, Guy d'Arcangues, Barbara Warner, Zsa Zsa Gabor, Louis Malle, Claude Terrail dansent le rock'n roll fraîchement débarqué sur le continent européen. J'ouvre le dimanche après-midi et je crée une « école de danse » qui enseigne les rudiments du cha-cha-cha. Plus tard Françoise Sagan et moi écrirons pour Eddy Barclay une méthode pour danser le cha-cha-cha... C'est au bar du Whisky à Gogo que je ferai la rencontre certainement la plus incroyable de ma vie. Porfirio Rubirosa, une fois n'est pas coutume, délaisse l'Éléphant blanc, la boîte la plus chic et la plus célèbre de Paris avec orchestre, pour risquer de se tordre le cou dans l'escalier raide qui mène à ma cave. J'ai entendu dire qu'aujourd'hui on veut faire un film inspiré de sa vie, soit. J'espère que le scénariste rétablira la vérité. Porfirio n'était pas un gigolo ni un pique-assiette. C'était un homme d'une élégance rare à la culture vaste et raffinée. Fils d'un riche propriétaire, il épouse en premières noces la fille du président de son pays, la république Dominicaine, Flor Trujillo. Après son divorce, son beau-père le nomme ambassadeur de Saint-Domingue en Argentine. Il partage une grande passion avec Danielle Darrieux, ensemble ils traversent une grande partie de la guerre. Lorsqu'ils se séparent, Doris Duke, une milliardaire américaine, lui fait parvenir un pneumatique : « Si vous êtes libre, je vous épouse. » Ce qu'il fait. Il sera le mari et l'amant de nombreuses femmes très belles, très riches. Une réputation de play-boy extraordinaire l'accompagne. Après avoir épousé Barbara Hutton il sera l'amant de Zsa Zsa Gabor, une Hongroise très mode, très connue, très scandaleuse. Il incarne pour moi encore aujourd'hui le raffinement le plus recherché, le plus abouti et le plus léger. Dès son entrée Chez Régine, c'est ainsi désormais que l'on nomme le Whisky à Gogo, entre nous le courant passe. Il m'amène, jour après jour, une clientèle à son image, drôle, élégante, hors normes et très haut de gamme, comme les Kennedy, Sinatra et des chefs d'État. Un soir de désertion de ma clientèle car une nouvelle boîte venait d'ouvrir, il me donne un conseil que toute ma vie je suivrai.

– Ne bouge pas, ne change pas. Si tu es sûre de toi et si tu donnes toujours le meilleur de toi-même, tu éclipseras à la longue tous les autres. Ne sois pas à la mode, deviens un classique.

Mon Pygmalion m'a dit aussi que, lorsqu'une boîte à la mode rafle pendant quelques semaines la clientèle, il ne faut pas y aller mais rester chez soi ! Il ne faut pas prêter son étiquette à d'autres. Cette leçon-là aussi, je l'ai appliquée toute ma vie. Lorsque, enfin, les endroits se démodaient, les gens revenaient vers moi. Comme je dis souvent :

– On peut très bien aller tirer un coup ailleurs, mais les caleçons, on les lave à la maison !

Ainsi stratégiquement conseillée j'étais bien partie dans la nuit. Trois ans plus tard, en 1957, je quitte le Whisky à Gogo pour ouvrir un endroit bien à moi. Chez Régine, rue du Four. Des plâtres à la cave, en passant par le service et la musique, je m'occupe de tout, je veille sur tout. J'ai dix bras, dix mains, dix têtes !

Et aussi deux jambes. Qui vont devenir célèbres... Nous sommes au début des années soixante, une troupe américaine débarque sur la scène de l'Alhambra avec la comédie musicale de Leonard Bernstein et Stephen Sondheim, *West Side Story*. Créé quelques années plus tôt à New York, le spectacle recevait un bon accueil, rien de comparable cependant avec l'hystérie qui suivra. En ce qui me concerne, j'en suis dingue, j'y vais tous les soirs. Je me lie avec Michael Bennett qui fera plus tard *Chorus Line* et *Dream Girl*. J'invite la troupe Chez Régine pour boire un verre. Je remarque qu'avant de danser les artistes s'échauffent en faisant d'étranges mouvements de jambes. Je me renseigne et apprends que c'est ainsi qu'à New York les voyous transforment leur bagarre en une sorte de ballet lorsque débarque la police. Ça s'appelle le twist ! Chubby Checker avait, deux ans plus tôt, tenté de lancer cette danse, qui signifie littéralement « se tortiller », et avait enregistré plusieurs disques sans grand succès. Je fais venir les vinyles des États-Unis, reçois *Let's Twist Again* et décide de convertir le Tout-Paris à cette danse. Il s'agira plus d'un mouvement de société que d'un sacerdoce. Rapidement le bruit court, j'ouvre ce printemps-là un Régine à Cannes pour la durée du Festival. Je connaissais Georges Cravenne qui trouve cette danse géniale et vient tous les soirs accompagné de vedettes pour leur apprendre à danser Chez Régine : Tina Onassis, Georges Hamilton, David Niven... On vient même me chercher en Rolls pour que j'apprenne à danser le twist aux convives des soirées privées sur des yachts.

De retour à Paris, le ballon ne se dégonfle pas, j'enseigne le twist à Sofia Loren et Anthony Perkins alors qu'ils tournent *Aimez-vous Brahms ?*, le film de Litvak tiré du roman de Françoise Sagan. Mon plus grand numéro de l'époque, je le fais avec Jacques Chazot, ancien danseur et inventeur flamboyant de Marie-Chantal, avec qui je twiste en tourbillonnant. Dans la traîne de Jacques, quelques étoiles de l'Opéra de Paris en seront médusées... À ce moment-là, Darryl Zanuck tourne en Normandie sur les plages du débarquement *Le Jour le plus long*. À l'occasion de la trêve pascale, toute l'équipe vient passer le week-end à Paris et boire des coups chez moi ! Robert Mitchum, Warren Beatty, Natalie Wood, Elizabeth Taylor, son mari Eddie Fischer, Shirley MacLaine, George Hamilton qui restera un ami pour la vie. Déchaînée, ravie, je passe mes nuits sur la piste à enseigner les rudiments du twist à tout le monde et tout le monde n'a d'yeux que pour mes jambes. Un photographe de passage immortalisera une photo emblématique de cette époque-là. Son cliché fera le tour du monde : j'apprends à danser le twist à l'ancien roi d'Angleterre, le duc de Windsor, qui se jette à mes pieds.

Un dernier tango rue du Four avec Charlie Chaplin et je quitte Saint-Germain-des-Prés pour Montparnasse. Castel n'en revient pas. Il a délaissé Montparnasse quelque temps plus tôt pour s'installer à deux pas de chez moi, rue Princesse. Justement, je préfère être tranquille dans mon coin ! J'ouvre un nouveau lieu boulevard Montparnasse – au-dessus duquel je vais installer mon appartement : le New Jimmy's. Je vis enfin, et pour de vrai, au-dessus de mes moyens. L'affaire était risquée, je n'ai pas eu à le regretter.

En robe de mousseline rouge dessinée par Guy Laroche, j'accueille lors d'une soirée d'ouverture mémorable tous ceux qui faisaient le succès de la rue du Four. Personne ne manque ! Je suis obligée de faire servir du champagne devant l'entrée afin de faire patienter les gens. Un journal titrera le lendemain : « Les Rothschild sur le trottoir ! » Ils ne le prendront pas mal et continueront de fréquenter le New Jimmy's tout comme les Kennedy, les Rockefeller, les Guinness, les Patino auxquels se joindront les Niarchos, Onassis et Goulandris. « Au-dessus de mes moyens », dans mon appartement, j'organise des dîners « littéraires » dont les meilleures pages furent écrites par Louise de Vilmorin, Marie-Laure de Noailles, Marie Bell, Marlene Dietrich, Jean Cau, André Malraux, Serge Gainsbourg, Jane Birkin, Henry Miller...

Nous sommes en 1963, je suis assez contente de la tournure qu'a prise ma vie. Je m'amuse, je suis entourée de gens brillants et drôles et nous vivons une belle époque. Seulement ce petit ordre du monde va changer, je vais désormais avoir une double vie... Cette année-là, je décide de devenir chanteuse. Une autre aventure de vie que j'évoquerai plus tard. Pour l'instant, ce sont les débuts, la scène et la nuit peuvent se mêler. Je n'ai pas encore de choix à faire.

Dix ans plus tard, je change de rive, je passe à droite, et j'ouvre le Regine's de Ponthieu à deux pas des Champs-Élysées. Un endroit magnifique que je décore comme les précédents, style années trente, où l'on pénètre par un ascenseur de verre, une sorte d'escarpin en cristal qui fait le lien entre la rue et la fête, le jour et la nuit, le rêve et la réalité.

Le Regine's de Ponthieu ne m'appartient plus désormais, la dernière fois que j'y suis allée, l'ascenseur est tombé en panne. L'ouverture de cette boîte a inauguré une nouvelle période. Je suis devenue internationale, je me l'étais promis. J'ai ouvert des licences partout dans le monde, des boîtes portant mon nom et dont je m'occupais. J'y recevais la meilleure société de chaque pays, je faisais venir quelques amis et j'organisais des fêtes plus grandioses les unes que les autres. L'étape la plus prestigieuse dans ce tour du monde est, sans aucun doute, New York. J'ouvre en 1976, la ville croule sous les dettes. C'est l'ennui et l'insécurité. Lorsque la presse locale me demande ce que je peux bien venir faire dans une ville qui agonise, je réponds :

– Mais... Du bouche-à-bouche, évidemment !

Ainsi, j'ai lancé la première discothèque de New York et, à sa suite, entre 1970 et 1984, j'ai ouvert plus d'une vingtaine de boîtes dans des villes comme Miami, Marbella, Londres, São Paulo, Rio, Marrakech... où il n'y en avait jamais eu. Parallèlement je suis engagée pour chanter au prestigieux gala de la Croix-Rouge à Monte-Carlo. Guy de Brignac, l'administrateur délégué de la Société des Bains de mer, me demande, alors que je donnais une revue d'une semaine au Sporting, si j'ai des idées pour égayer un peu la principauté. J'en ai eu quelques-unes... J'ai surtout ouvert la boîte la plus glamour que j'ai jamais tenue, le Jimmy's de la Mer, juste à côté de l'ancienne discothèque Maona (contraction de Maria Onassis), que j'ai transformée en restaurant polynésien.

La nuit a ainsi totalement envahi ma vie. Entre Monte-Carlo et les boîtes à animer à travers le monde, je ne voyais plus mes amis et très peu mon mari, Roger. Je menais une vie de reine, avec son lot de solitude planquée sous la couronne. Avec trente-deux boîtes sur trois continents, ne passant jamais plus de trois ou quatre jours dans chacune, j'étais une souveraine voyageuse de commerce.

Toutefois arrêter la nuit me semblait invraisemblable. J'avais peur de faire une dépression, de prendre un coup de vieux... Alors j'ai décidé de me consacrer à ce qui se passe le jour. C'est ainsi que je me suis intéressée au restaurant Ledoyen sur les Champs-Élysées. Jeune fille, après la guerre, j'y venais danser l'après-midi. Ledoyen était mon rêve d'enfant ; quand je passais, je me disais qu'un jour je serai assise devant cette fontaine à 5 heures avec des petits gâteaux et que je serai chez moi.

Portée par ce rêve de gosse que je réalise enfin, je commence dans le même temps une reconversion « psychologique » du groupe Régine. Je décide de créer des hôtels-boutiques. Avec M. Jean Bousquet, maire de Nîmes et créateur de Cacharel, je signe un contrat pour m'installer derrière les arènes de l'antique cité, au Cheval blanc. Ça se terminera mal... le groupe Régine gagnera un procès épique. Allez ! l'affaire est close...

En revanche, l'affaire du Palace n'est pas close. Elle a encore aujourd'hui des effets terribles sur moi. Le Palace est certainement la goutte d'eau qui a fait déborder le vase et a fini de me convaincre qu'il fallait quitter la nuit définitivement. Ce qui a fait la joie de la Scala et du Queen.

En cinquante ans de nuit, je n'ai jamais eu aucun problème. Le groupe Régine avait repris cette boîte en déshérence de manière tout à fait emblématique. Pour la relancer et la revendre. Ce qui a été fait. Le fonds de commerce coûtait peu, mais il fallait racheter les murs, ce qui n'était pas du tout la vocation du groupe. Nous y avons cependant été obligés. J'avais laissé les rênes du groupe Régine à Jean-Marc Borello, le secrétaire général de SOS Drogue international, un homme talentueux, pragmatique et efficace avec qui j'ai eu l'idée de monter cette association, il y a vingt ans, pour s'occuper des jeunes en difficulté et en état de dépendance alors qu'il n'y avait rien en France pour eux. Avec la carrière que j'avais derrière moi, je me croyais vraiment à l'abri. J'imaginais que rien ne pourrait m'arriver la nuit car le pire aurait dû se produire aux États-Unis et au Brésil où il y a une corruption diabolique. Procès oblige, je n'entrerais pas dans les détails. Il s'agit de savoir cependant que sur dénonciation anonyme, alors que nous-mêmes les avions déjà sollicités à plusieurs reprises pour organiser des contrôles, les stups se sont déplacés et ont surpris un Chinois avec quarante cachets d'ecstasy dans un paquet de cigarettes au sous-sol du Palace ! Un joli rendez-vous bien organisé qu'ils n'ont pas manqué... L'ecstasy ! Une substance que SOS Drogue international avait fait reconnaître comme drogue ! Chauffée à bloc par la police, sa fenêtre sur le monde, la juge chargée du dossier croyant faire le coup de filet du siècle et se voyant déjà portée au pinacle a agi hors de toute partialité. Elle a non seulement fermé le Palace mais également, ce qui est totalement arbitraire, refusé la fermeture administrative. Ce qui est la procédure habituelle. Elle savait qu'elle envoyait le Palace directement au tribunal de commerce. Trois mois de fermeture à ce régime-là, c'est 15 millions de francs jetés par la fenêtre, et quatre-vingt-dix personnes à la rue... Je dois avouer que si j'avais agi à la Régine, ça ne se serait sûrement pas passé comme ça ! J'aurais immédiatement fait un énorme scandale. J'aurais attaqué la juge fautive d'un jugement arbitraire. On ne ferme pas un endroit trois mois sans fermeture administrative. Ce type de procédure n'excède pas ordinairement quinze jours, à moins qu'il y ait eu un crime. Pourquoi alors avoir pris cette décision ? Une première. Elle ne pouvait pas ignorer qu'elle nous envoyait à la faillite.

Nous surveillions nous-mêmes le Palace et cela nous coûtait une fortune, nous employions même des jeunes pour qu'ils prétendent vouloir acheter de la drogue et nous informaient de la présence d'éventuels dealers dans l'enceinte de la boîte. J'ai foutu à la porte de chez moi les gens les plus célèbres, et même des amis intimes, sans état d'âme, parce qu'ils se droguaient. Quant à moi je ne voulais pas risquer de fermeture et surtout, je suis une survivante, je ne supporte pas de voir en face de moi quelqu'un se foutre en l'air. C'est aussi pour cela que j'ai créé SOS Drogue international et que j'ai réussi à faire de ce problème une cause nationale et qu'une mission interministérielle soit prise en charge par le bureau du Premier ministre. Fabius à l'époque. Pour cette action, le président Chirac m'a remis la Légion d'honneur.

Alors imaginez, Régine, le Palace, SOS Drogue international... Quel beau cocktail médiatique ! Comme si on voulait me punir par là où j'avais péché ! Cela n'a jamais été bien vu, encore aujourd'hui, de s'occuper de ces rebuts de la société, les personnes dépendantes et en détresse !

La maltraitance policière, l'humiliation et la détermination de nous tuer financièrement m'ont ouvert les yeux sur le côté glauque de la nuit. J'ai touché du doigt des zones qui, jusque-là, ne m'avaient même pas effleurée, comme la bassesse, la jalousie et la médiocrité. Il fallait que cela m'arrive en fin de carrière !

Cet épisode choc, ce krach financier m'ont totalement détachée de la nuit pour laquelle je n'ai plus aucune attirance, même si je demeure *ad vitam aeternam* une noctambule. J'aime l'énigme de la nuit, sa clarté, sa bonté, son petit côté espiègle et ses surprises. Mais seulement les bonnes. Alors peut-être un jour, je commence à en avoir vraiment envie, j'ouvrirai un piano-bar archichic, archifermé, archidélirant, complètement bi comme le Fiacre que je fréquentais après la guerre ou cet autre endroit où j'allais, le cabaret de Suzy Solidor, rue Balzac. Un piano-bar, juste pour le plaisir de chanter et pour les gens qui sont là. Un lieu à l'abri de la connerie, et qui concilie mes deux vies, la nuit et la chanson.

Quitter la nuit a été un long processus, il n'y a pas eu de déclic, je ne me suis jamais levée un matin en me disant : la nuit c'est fini ! À cinquante ans, j'ai commencé à me poser la question, mais j'étais encore en pleine gloire et en plein essor. Le fric rentrait de partout, je me sentais à l'abri de tout et en danger de rien... Grossière erreur. Il faut savoir s'arrêter, je n'ai pas su, tout allait tellement vite. Ce tapis roulant bordé de roses et d'orchidées m'a menée à l'âge de soixante ans sans que je m'en rende compte. J'étais l'hôtesse extraordinaire d'un monde magique.

Mais je ne voyais presque plus mon mari, mes amis. Je n'avais pas le temps de prendre le temps, je ne savais plus comment je vivais. Il me fallait parfois cinq bonnes minutes pour réaliser que je me réveillais dans un hôtel de São Paulo ou du Caire. Ce sont ces grands moments de solitude qui peu à peu m'ont permis d'ôter ma seconde peau.

Dans une interview, un dialogue, entre Charles Aznavour et moi, nous avons eu cet échange :

– Aujourd'hui j'ai cinquante-cinq ans, je ne me vois pas me trémousser comme une folle sur une piste de danse à soixante-quinze ans !

– Régine, tu sais, je n'ai jamais compris pourquoi tu n'arrêtes pas la nuit et tu ne te consacres pas à ta carrière de chanteuse.

Tu es rassuré Charles ? C'est ce que je fais maintenant et je m'éclate autant !

Plumes Strass Boys

J'ai connu le grand amour à Venise,
Le grand frisson sur les bords de la Tamise,
Même dans les meilleurs moments,
Je m'ennuyais éperdument,
Car,
Ma vie c'est Plumes Strass Boys,
Ma joie Plumes Strass Boys,
Mon cœur mes amours Plumes Strass Boys,
Un escalier un décor à l'envers,
C'est mon soleil, ma joie, mon univers,
Wonderful Plumes Strass Boys
Happy Plumes Strass Boys,
Ti amo my Plumes Strass Boys,
Give me encore des Plumes
Always toujours des Boys,
Plumes Strass Boys.

Eddy Marnay

Il m'a fallu être patiente. Moi qui le suis si peu. Femme pressée, toujours en train de courir. Après quoi ? Il m'a fallu prendre le temps de quitter la nuit élégamment. Fermer à jamais ce grand rideau bleu afin d'en ouvrir un autre, rouge incarnat. Patiente, car ce désir d'être entièrement à la scène qui grondait en moi et se faisait de plus en plus impérieux ne me laissait pas de répit. Comme je l'ai exposé précédemment, on ne tire pas un trait sur cinquante ans de vie, de carrière, d'amour en un clin d'œil, comme un prestidigitateur ferait disparaître sa partenaire en dix secondes. Je n'avais jamais pu et je ne voulais pas mêler la nuit et la scène même s'il m'est arrivé de le faire. C'est totalement dingue. Dans les derniers temps, ma vie de « femme d'affaires » dévorait mon temps à tel point que les moments passés avec mes proches étaient volés à ma vie professionnelle. Comment aurais-je pu ainsi me dédier au public sans le décevoir ? Notamment tous les gens que je rencontrais dans la rue qui ne comprenaient pas pourquoi je n'étais pas plus présente sur scène. Aujourd'hui, j'ai décidé, fermement – comme tout ce que je décide –, de donner raison à mes amis les plus chers : Françoise Sagan, Serge Gainsbourg, Charles Aznavour, Renaud... Ceux qui ont toujours préféré la chanteuse à la reine des *dance floors*.

Pourtant, Régine artiste n'était jamais très loin. Je l'avais juste mise en sommeil pour parcourir le monde. Désormais elle est bel et bien réveillée. Je veux cultiver cette place singulière que j'occupe dans l'univers de la chanson française. Je suis atypique, je l'ai toujours été. Je suis un personnage dont on vient voir la matière. À ce jour, seuls les travestis ont réussi à convenablement m'imiter ! C'est qu'ils ont la passion de ce qui est grave et savent comme personne d'autre l'aimer dans la dérision. Nous sommes proches, je serais même tentée de dire que je suis moi-même une *drag queen* ! Beaucoup de mes chansons les plus drôles ont un fond dramatique. *J'irai pleurer à Bilbao...* même *Azzuro* est une chanson triste : une fille vogue à la dérive. Son mec se fait dorer la pilule pendant qu'elle turbine. Il y a de cela dans mon personnage, un subtil mélange de gaieté, de drôlerie, de tristesse et d'énergie. L'énergie vitale du désespoir joyeux.

Lorsque j'ai commencé à chanter, les plus grands managers m'ont appelée. Celui de Sacha Distel et Johnny Stark le futur agent de Mireille Mathieu. Nous avons pris rendez-vous. Les conditions étaient claires.

– Régine, il faut que tu fasses un choix. Tu as une belle vie d'artiste devant toi, ce serait dommage de la gâcher. Tu devrais réfléchir.

Je n'ai pas fait ce choix-là. Je ne peux pas attendre qu'on m'appelle ! Il me faut de l'action. L'artiste est le jouet du désir des autres. Il faut des gens qui l'aiment pour lui écrire des textes, des musiques ou lui proposer des rôles. De nombreux ingrédients sont nécessaires pour que ça marche. Bien sûr, il en faut aussi pour monter des boîtes, mais là c'était moi la patronne. Je pouvais décider, avancer à mon gré, prendre les décisions au moment voulu... J'aurais été moins indépendante au music-hall. Aujourd'hui je suis prête à affronter pleinement la solitude, les angoisses et les désarrois de l'artiste. Ses joies aussi !

Les Français ne sont pas très fidèles. On se sert de beaucoup d'artistes comme de Kleenex. On les prend et on les jette. Moi, c'est l'inverse on me prend, on me garde. Comme en amour... Les générations sont plus vives qu'auparavant et les gens plus âgés ne sont pas ceux qui achètent des disques. Il y aurait certainement une remise en forme du système à faire, ne plus fonctionner par tubes, refuser le matraquage, et laisser un peu de place aux personnages. Les plus jeunes apprécient les belles chansons et écoutent vraiment les paroles. C'est là, peut-être, que *La Ferme des célébrités* que j'évoquerai plus tard m'a indirectement aidée. Si j'ai accepté de participer à cette émission pour des raisons personnelles, je me suis rendu compte en rentrant chez moi que des générations très différentes s'étaient attachées à mon personnage. Grâce à *La Ferme*, je suis entrée dans les foyers. Dans un environnement médiatique monopolisé par des télévisions qui ne pratiquent pas du tout le pluralisme culturel, je ne vois pas comment j'aurais pu toucher autant de spectateurs si ce n'est, peut-être, en faisant un téléfilm... Et encore.

J'ai toujours voulu chanter et je chante depuis toujours. Gamine, je chaussais les talons de ma belle-mère, me couvrais de ses fourrures et me postais au balcon de la rue Pasteur à Belleville où nous vivions. J'ameutais la foule – essentiellement les gosses du quartier et leurs parents effrayés à l'idée de me voir tomber – et je chantais. J'étais folle de comédies musicales. Dès que je le pouvais, je me précipitais au cinéma ou bien rue de la Folie-Méricourt, dans un bougnat où tous les dimanches la patronne, avec son tablier autour de la taille et ses charentaises, chantait du Fréhel. À cette époque, la star numéro 1 était la radio. Des fenêtres ouvertes elle déversait sur la rue les chansons de Tino Rossi, Rina Ketty, Maurice Chevalier... Mon grand truc était de gagner des sous avec *Prosper yop là Boum !* Mon père me posait sur la table, en plein milieu et me disait : « Chante ! »

« Quand on voit passer le grand Prosper sur la place Pigalle, avec son beau petit chapeau vert et sa martingale, à son air malabar et sa démarche en canard faut pas être bachelier pour deviner son métier, ...Prosper yop là boum... C'est le chéri de ces dames... »

Et je gagnais cinq sous. Dès que j'avais accumulé un petit pécule d'au moins trois francs cinquante, je filais au Bataclan boulevard Voltaire ou dans les cinémas. Ah, Jean Mineur, le p'tit bonhomme avec sa pioche. Mon répertoire s'étendait également à toutes les réclames. Je les connaissais par cœur et les claironnais à tue-tête.

Ça c'est pour mes débuts de chanteuse... Quant au début de mes ambitions, il date du ventre de ma mère où j'avais déjà tout décidé.

Môme, sur les pentes de Belleville, je suis très avide de tout ce qui est à la mode. Je suis très coquette, quoique habillée comme les autres filles de petites jupes et de socquettes qui tire-bouchonnent sur des chaussures à barrettes... Je ne supporte pas ça ! Alors, je raconte à tout-va qu'un jour, je serai une star, je m'invente des vies fantastiques. Mes copains du quartier me trouvent un peu timbrée, mais je les fais rire. Pendant la guerre, la petite famille s'exile à Aix-en-Provence, je passe ma semaine planquée dans un couvent. Le week-end, mon père, ce grand joueur, nous emmène au casino, mon frère et moi. Pendant que Joseph bat les cartes, nous enchaînons les spectacles. Nous en voyons parfois cinq dans le week-end ! Moi, je suis ravie... Piaf, Trenet... ne chantent que pour moi ! Bercée de doux rêves, enthousiaste et vive, je m'inscris à un concours de chant. J'ai treize ans et je chante sur la scène du casino d'Aix-en-Provence. Bien sûr, je m'étais vieillie, j'avais dit en avoir seize. Joli début. Mais la salle est bondée de parents d'élèves. Ils ne supportent pas de voir une camarade de leur fille se donner ainsi en spectacle, et ne manquent pas d'en informer la supérieure du couvent. Du haut de mes ambitions artistiques je mets en péril la bonne santé morale de leur immaculée progéniture. Mon premier scandale... Les sœurs me mettent en quarantaine, ce n'est pas fait pour me déplaire. Je leur réponds que c'est moi qui les mets en quarantaine. Les règles bien établies de la bienséance d'une petite ville de province sous l'occupation brisent mes premiers élans vocaux. La bonne morale catholique nie à une enfant de treize ans ses premiers émois et les met au placard.

Jusqu'à cette soirée de 1963 où Renée Lebas, qui a fait le succès de *Mon amant de Saint-Jean* et vient de faire ses adieux à la scène, me prend par le bras et me dit :

– Régine, tu as une voix singulière et attachante, tu devrais chanter.

Renée désire se lancer dans la production, et veut s'occuper de moi.

Je suis désormais une grande fille, je mène bien ma barque, Le Jimmy's est une réussite, pourquoi ne pas sauter le pas ? Je n'ai rien à perdre, tout à gagner. Mes rêves d'enfant, d'adolescente, ressurgissent en masse. Bien sûr, en côtoyant toutes les stars qui fréquentaient Chez Régine ou maintenant le Jimmy's, l'idée saugrenue de vocaliser me traverse parfois l'esprit. Mais je la garde pour moi, mon jardin secret. Je suis bien trop occupée à... m'occuper des autres. En guise de mise en bouche, Renée Lebas me propose une chanson dans un film avec Annie Girardot qui doit être tourné prochainement, *La Femme à barbe.*

Elle me conseille de suivre des cours avec une professeur de chant réputée : Tosca Marmor. Une Russe bien ronde avec des cheveux moitié noirs, moitié gris, qui adore prendre le thé, boire du champagne et bavarder. Ça tombe bien ! En rentrant du boulot vers 10 heures du matin, je préfère papoter que faire des gammes. Dans la foulée j'achète un piano. Finalement le film ne se fait pas. Je me retrouve avec le monumental instrument dans le salon, Tosca sur les bras et au ventre le désir dévorant de chanter. Renée a réveillé la petite bête qui sommeillait au fond de moi et ne me laisserait plus jamais en paix.

Décidée à chanter coûte que coûte, j'invite des copains à dîner, Charles Aznavour et Henri Salvador, je leur fais part de mes démangeaisons artistiques. Charles me propose d'apprendre quelques classiques comme *Tel qu'il est*, *La Javanaise* ou *La Cuisine* et d'enregistrer une maquette afin qu'ils puissent se rendre compte des qualités de ma voix. Dix jours plus tard, lors d'un autre dîner, ils écoutent la bande. C'est O.K. ! Charles apprécie mes trois styles très différents : triste, réaliste, drôle. Avec Jacques Mareuil et Bernard Michel, Henri et lui écrivent mes premiers titres. Charles me propose quelque chose de formidable, *Nounours : « Dans la peluche en trucmuche, vous aviez l'air d'un ours en peluche... »* et *Tu m'bats plus.* Salvador écrit *Oublie-moi.* Le quatrième morceau, de Ralph Bernet, s'appelle *À chaque fois*. Dans le même temps, Renée Lebas négocie mon contrat avec Pathé-Marconi chez qui je fais mon entrée à l'occasion d'un grand déjeuner à la Tour d'Argent... le grand tralala !

Quand une maison de disques veut un artiste, elle lui fait une avance sur ses droits. (Ce n'est plus le cas aujourd'hui.) La mienne est tellement substantielle que je peux acheter une ruine sur la colline de la chapelle Sainte-Anne à deux pas du vieux port de Saint-Tropez. Le disque sort, la presse qualifie mon style de sophistiqué. La couverture du 45-tours est un vrai monument. Elle est couverte de signatures d'amis : le boucher du coin, la Callas, mon personnel, Zsa Zsa, Dior... Le disque se vend à trente mille exemplaires. Un succès très honorable. Je deviens, c'est une chance, la chouchoute des radios. Maurice Chevalier qui ne m'a jamais entendue mais dont les oreilles ont été chatouillées par la rumeur me propose de participer à une soirée au bénéfice de la maison de retraite des gens du spectacle de Ris-Orangis. Le 27 janvier 1965, moulée dans une robe en vinyle noir, ornée de longs rubans de satin, spécialement créée pour moi par l'ex-mannequin vedette Victoire, je me lance à corps perdu sur la scène du Maxim's. Je brûle les planches et je me consume. Mon rêve le plus fou se réalise. Fair play et enthousiaste Maurice Chevalier me dit à l'issue de la soirée :

– Vous n'avez pas de souci à vous faire, ça marchera car vous ne ressemblez à personne. Et puis, vous, vous êtes une « mariolle ». Vous connaissez les trucs avant de les avoir appris...

Il m'a aussi conseillé plus tard de ne jamais me débarrasser de mon lourd accent français lorsque je parle anglais même si je maîtrise parfaitement la langue. Il avait raison, ça aide à gagner des points !

Denise Glaser, la productrice de l'émission dominicale culte de l'époque, *Musicorama*, demande à Jacques Chazot de me présenter au public et de m'interviewer le 8 février 1965. J'enchaîne les « premières fois », persuadée que je dois poursuivre dans cette voie de chanteuse à texte, réaliste, gouailleuse et drôle. Je cherche des auteurs proches de moi. Je pense à Serge Gainsbourg rencontré dix ans plus tôt. J'ai un mal de chien à retrouver son numéro... Mais j'évoquerai nos péripéties plus tard. Les deux premières chansons que Serge m'écrit sont *J'te prête Charlie* et *Les Petits Papiers*. Mes directeurs artistiques, Eddy Marnay et Émile Stern, adorent, Raymond Bernard le pianiste de Bécaud m'écrit *Mille Fois par jour*. Avec ces trois chansons-là, mon second 45-tours est un triomphe, plus de cent mille exemplaires sont vendus.

Je ne suis pas une faiseuse de tubes, j'ai toujours eu plusieurs très bonnes chansons dans chacun de mes albums. J'aime les textes solides, denses et drôles. Les rengaines légères et éphémères ne sont pas pour moi. J'ai toujours pris un soin très particulier à choisir ce que je voulais chanter.

Aujourd'hui j'avoue regretter de ne pas avoir sacrifié la nuit à la scène, car je peux me permettre d'avoir des regrets. À l'époque je n'en avais pas les moyens. Je n'avais que les moyens de gagner du

« pognon » afin de réaliser ce que je voulais faire. Bien qu'enivrante, la chanson était plus précaire que la nuit. Je ne pouvais pas me poser cinquante mille questions. Cela faisait déjà dix ans que la nuit me faisait vivre et, surtout, je connaissais bien les artistes et leurs cortèges de dépressions chroniques, ressurgissant à chaque creux de vague.

– Peu après mon second 45-tours, je reçois un coup de fil d'Yves Montand. Il veut savoir qui écrit pour moi. Il vient d'entendre *L'Amour à contrecœur*, de Serge Lama.

– C'est un texte que j'aurais aimé chanter. Peut-être connais-tu, Régine, des auteurs que tu pourrais me conseiller.

Je suis flattée ! Et touchée. Montand n'osait pas demander aux auteurs d'écrire pour lui, et les auteurs étaient tellement impressionnés qu'ils n'osaient pas le lui proposer. Je lui trouve deux chansons : *Les Roses de Picardie* et *À bicyclette*. Petite fille, il était mon idole. J'étais raide dingue amoureuse de lui, comme toutes les minettes de mon âge. Je connaissais son répertoire par cœur et suivais avec délices ses amours tumultueuses avec Piaf et les autres. J'aimais Piaf, mais je préférais Fréhel. Un jour, il passe aux Folies-Belleville. Mes copines et moi préparons l'événement avec ferveur. Mais, horreur, quarante-huit heures avant la date tellement attendue, ma belle-mère me passe le peigne fin et me trouve des poux dans la tignasse ! Les poux ont fait partie de ma vie d'écolière et de pensionnaire de façon permanente, il paraît que c'est un signe de bonne santé ! Comme à la maison on ne fait pas dans la dentelle, je me retrouve rasée sans avoir eu le temps d'émettre la moindre objection. Je suis hystérique. Ça la fout mal pour une première rencontre avec son idole : grâce à ma copine du pensionnat de la porte des Lilas, la fille du directeur de la salle, j'ai accès aux coulisses... Je crois que jamais plus de ma vie je n'ai déployé autant d'ingéniosité pour m'apprêter... Sous un fichu et des crépons, je dissimule une touffe de faux cheveux, je me couvre le visage d'au moins trois couches de pancake Revlon et barde mes lèvres d'une demi-tonne de rouge violent... Le tout est posé sur d'interminables semelles compensées... Je devais être hideuse !

Quant à Serge Lama, il a commencé sa carrière en même temps que moi chez Renée Lebas. Je l'ai hébergé pendant quelque temps après son accident et lui ai offert son premier transistor. C'est un garçon tellement talentueux et naturel ! Il est l'un des fidèles à m'avoir longtemps accompagnée.

À ce moment-là, encore plus qu'aujourd'hui, il y a une salle incontournable pour un artiste : l'Olympia. Les premières de ce lieu mythique du music-hall étaient totalement féeriques, personne n'y manquait, toute la profession se déplaçait pour voir ou découvrir tel ou tel artiste.

Je fais mon baptême du feu le 16 janvier 1968 pour un *Musicorama* avec Europe 1, Jo Dassin en vedette américaine. Luc Fournol, un journaliste de *Jours de France* qui faisait toutes les photos de mes couvertures de disque, me dit :

– Ah ! là, là Régine ! Dassin a déjà fait des tournées, pas toi. Et toi, tu comptes faire, comme ça, le *Musicorama* à l'Olympia ! C'est de l'inconscience pure. J'espère que tu répètes.

– Non je ne suis pas inconsciente ! Jo Dassin fait des tournées, c'est vrai, mais moi je tourne en boîte, c'est pareil !

André Olivier, styliste chez Cardin, me dessine une robe de circonstance. Certaine d'être morte de trouille, je décide d'être déjà assise les jambes croisées sur un tabouret au milieu de la scène lorsque le rideau s'ouvrira.

Lors de cette soirée, je chante *La Grande Zoa*, *Mille fois par jour*, *Patchouli Chinchilla*, *Les Petits Papiers*... Barbara écrira pour moi, plus tard, *Gueule de nuit*, la seule chanson qu'elle ait écrite pour quelqu'un d'autre.

J'suis une souris gueule de nuit
Et je vais, je viens, je passe, passe
Y en a que c'est de Saint-Denis
Moi que c'est de Montparnasse, nasse
Cherchez pas de mystère, j'en ai pas
J'ai bon caractère, mais faut pas
Pas pousser grand mère d'un faux pas
Ah oui j'aurais pu comme vous ou comme toi être longue, longue
Mais c'est foutu c'est classé
Car Dieu m'a préférée ronde, ronde
Pour ce que j'ai à faire,
Ça ne me gêne pas

Moi, mes histoires

On peut pas se refaire
Gêne ou pas
Passez donc la main dans la main...

Lorsque Barbara la chantait, elle intervertissait ronde et longue...

Ce premier Olympia est un triomphe, dix-sept rappels couronnent mon tour de chant et je reçois le prix Rideau-Rouge qui récompense « la vedette la plus marquante de la saison ». Fidèle à l'adage populaire invitant à ne pas se reposer sur ses lauriers, moins d'un mois plus tard, le 6 février 1968, je chante en vedette américaine de Gilbert Bécaud pour l'ouverture des Jeux olympiques de Grenoble. Je me mets en route, j'affûte mes arguments et j'appelle le directeur de ma maison de disques. Je veux refaire les orchestrations et j'aimerais bien des trompettes et douze musiciens. Il était incapable de me dire non !

André Bourgeois le médium le plus talentueux que j'ai consulté me dit :

– Vous allez avoir un succès fou, mais quelqu'un va être très jaloux de vous. Vous aurez aussi des taches sur les joues.

Une découverte que j'ai faite le soir même ! Dès que j'éprouve des émotions fortes, des taches rouges couvrent mes joues, comme chez les paysannes. C'est une manifestation bénigne de l'anxiété... Même si je n'ai jamais pu accepter d'être anxieuse. Moi je dis furieuse. Je suis née furieuse. Ce soir-là, il y a Gault et Millau, les deux, avec des copines. Nous sommes restés amis jusqu'à ce que, bien des années plus tard, j'embauche Michel Guérard comme chef chez Ledoyen. Mais quelle idée avais-je eue de me mêler de gastronomie ! Les deux critiques gastronomiques sont devenus instantanément deux ennemis. Bref, mes Jeux olympiques à moi sont un triomphe. Le *Dauphiné libéré* publie deux colonnes dithyrambiques sur moi et... Un petit article sur Bécaud très élogieux. Ensuite nous devions partir ensemble en tournée. Gilbert Bécaud, ne l'entendant pas de cette oreille, appelle Félix Marouani, l'oncle de Charley Marouani mon manager, et lui stipule qu'il ne veut pas de moi et de mes douze musiciens en tournée avec lui. Il n'a pas digéré les deux colonnes du *Dauphiné !*

Entre-temps je pars pour Marseille chanter au théâtre du Gymnase, j'avais oublié que mon médium m'avait prédit quelque chose de bizarre dans la cité phocéenne. Une mort... Un ami avocat à Nice, Pierre Pasquini, plus tard ministre des Anciens Combattants, prévient Paul Lombard, un proche, et lui demande de me recevoir. Je voyage agréablement avec Joe Dassin flanqué de sa femme qui tricote. Moi je tricote des jambes... Sur le quai de la gare, je vois un homme superbe, aux cheveux longs, entouré de jeunes gens. Je me dis chouette un homo ! Je vais bien m'entendre avec lui. Maître Paul Lombard me baise la main et me présente ses élèves, des futurs avocats, qui tenaient à me recevoir. Bon je me suis trompée, il n'est pas homo, mais alors qu'est-ce qu'il est sympathique !... En voiture il m'informe que Tony Renaud, le directeur du Gymnase, vient de perdre sa femme. Dans le trouble, il n'a pas pu s'occuper de l'affichage et de la pub. Les réservations ne couvrent pas la moitié de la salle, mais Paul Lombard me conjure de ne pas m'inquiéter... Il appelle le banc, l'arrière-banc et l'arrière-arrière-banc des contre-allées de la Canebière, toutes les filles de joie, les mecs, les macs, les patrons de club ! Le théâtre ne désemplit pas des trois jours, le public est totalement délirant et j'ai droit à mon premier cordon de flics à la sortie. Maître Lombard est une figure du barreau haute en couleur, il est devenu mon petit ami et un ami.

La tournée *avec* Gilbert Bécaud à l'eau, je rentre à Paris et retrouve pour quelques mois mon Jimmy's. Quelques mois qui ne sont pas de tout repos, mais bon, le repos, ça me fatigue. Le *Musicorama* du mois de janvier avait ouvert une source qui n'était pas près de se tarir. Au mois d'octobre de la même année, je passe pour la première fois devant une caméra, celle de Claude Berry. Je chante *My yiddish môme* et joue un rôle sympathique, la sœur de la mariée, dans son deuxième film à grand budget après *Le Vieil Homme et l'Enfant*, *Mazel Tov*. Incapable de ne pas mettre mon grain de sel, je trouve au moment du tournage cette réplique qui fera mouche et dont je ne suis pas peu fière : « Les hommes sortent avec les maigres et rentrent avec les rondes. » La vérité est toujours bonne à dire. Et Claude Berry était d'accord...

Au même moment Bruno Coquatrix m'invite à passer à l'Olympia en covedette avec Raymond

Devos. Quelle joie ! Le 12 décembre 1968, j'entre véritablement dans le music-hall. L'occasion est trop belle pour ne pas demander à mon ami Jacques Charon de la Comédie-Française de s'occuper de la mise en scène. Il me donne des conseils qui me serviront pour le restant de ma carrière, et me dirige parfaitement. Il m'indique comment aborder la nostalgie, la tristesse, sans trop en faire. Comment être juste et sincère sur une scène, ce qui ne demande pas le même savoir-faire que dans la vie. Je pars finalement en tournée mais avec Raymond Devos. Je n'ai pas perdu au change ! Jamais je n'ai autant ri de ma vie, il nous raconte des histoires fantastiques toutes les nuits jusqu'à 8 heures du matin.

Mazel Tov est projeté sur les écrans américains sous le titre de *Marry me Marry me* et rencontre son public. Enthousiaste, je décide d'aller chanter à New York. Aucun producteur ne se décide à me suivre, je ne me dégonfle pas et je loue le Carnegie Hall. Le gala est prévu pour le 16 janvier 1969. Je suis vraiment folle, il neige sur New York, les rues sont désertes et les réservations clairsemées. J'achète des encarts de pub dans la presse :

« Régine, la vedette de *Marry me Marry me*, chante ce soir au Carnegie Hall ! »

La salle comble apprécie particulièrement les *jokes* que Mort Shuman dit entre chaque chanson, planqué derrière un paravent car il est mort de trouille, et le public me fait un triomphe. Mort Shuman n'était encore jamais venu en France, déjà reconnu aux

États-Unis, il donnait dans un cabaret un show, *Jacques Brel is Still in Life in Paris*. Un spectacle magnifique sur Brel. Le pari est gagné, j'ai vaincu la neige, New York et les mauvaises langues... Charles Aznavour l'avait bien fait quelques années plus tôt, pourquoi pas moi ? Vraiment... je ne doute de rien !

À New York, je vois Sinatra et Dean Martin chanter dans des clubs, à même le parquet devant leurs musiciens installés sur de petites estrades. Longtemps, à Paris, j'avais refusé de chanter dans les cabarets comme la Tête de l'Art, pourtant très en vogue, mais, après les avoir vus, je n'ai plus hésité. Le seul inconvénient de la Tête de l'Art, tenue par Jacques Provence, c'est qu'il n'y a pas de pipi-room en coulisses. Et moi, j'ai un souci ! Avant de chanter j'ai toujours envie de faire pipi, alors je soulage mon stress dans la cave sur les cadavres de bouteilles de champagne. Longtemps je lui ai fait du chantage pour qu'il installe des toilettes, quand enfin il s'est décidé à faire les travaux, je suis partie. Il était malheureux.

À l'époque je ne chantais que lorsque j'en avais envie, ce n'était pas une nécessité vitale et encore moins financière. Je pouvais me le permettre. Je ne faisais pas de grandes tournées comme les artistes se devaient d'en faire. Outre une aventure théâtrale ratée, *La Neige en été*, écrite par Jacques Lanzman et pour laquelle j'avais décidé d'embaucher Mouloudji et Nicole Croisille aux Variétés, je ne suis remontée sur une scène parisienne qu'en 1973. Mon médium m'avait bien prévenue qu'avant cette comédie musicale « j'allais accoucher d'un beau bébé avec une tête de veau » et qu'en plus Nicole Croisille n'allait pas s'entendre avec moi et... il avait raison. Entre-temps mon empire de la nuit était devenu très important, je m'étais lancée dans mon aventure monégasque et ses deux boîtes magiques, en plus des lieux dont je m'occupais à Rio et Bahia, je donnais de grands shows à l'américaine, tous plus loufoques les uns que les autres. Levasseur me faisait des costumes merveilleux, j'étais entourée de boys et de girls, je n'avais plus besoin de tournées. J'ai notamment donné un show tout en noir et blanc dans lequel j'entrais en scène accompagnée de deux barzoïs. Un noir, l'autre blanc. Très belle idée. Sauf que nous ne savions pas que lorsque l'on tape dans les mains ces chiens s'assoient. J'entre en scène dans une robe magnifique, les gens applaudissent, les chiens s'arrêtent net et s'assoient. Et moi je les traînais ! Je tirais comme une folle, les gens étaient écroulés de rire. Pour une entrée loupée, c'était une entrée loupée fantastique !

Pour un autre show, j'avais décidé de m'entourer de quatre travestis habillés exactement comme moi. Et comme il n'y a rien qui ressemble plus à Régine qu'un travesti, lorsque le premier descend le grand escalier, il est couvert d'un tonnerre d'applaudissements, jusqu'à ce que les gens se rendent compte de la supercherie et rient. Deuxième travesti même topo. Troisième idem, mais presque sans applaudissements. Quand vient mon tour, que dalle ! Un vrai flop !

Un de mes meilleurs souvenirs de cette période, c'est lorsque j'ai demandé au marionnettiste Philippe Gentry de m'aider à faire l'autruche comme dans son célèbre spectacle. Pour chanter *Plumes Strass Boys*, je voulais apparaître en autruche de Gentry avec ma tête au-dessus. Nous avons beaucoup travaillé, mais le résultat a été à la hauteur de l'entreprise et la télévision s'est même déplacée pour nous filmer.

Ma vie d'artiste, telle que je la décris ici, est entrecoupée par mes activités de noctambule. Chaque fois que je prends la décision de créer un nouveau spectacle c'est une grande fantaisie. Car, pour des raisons d'emploi du temps, je ne sors pas de disque et n'amortis pas le spectacle en tournée, un luxe que je ne peux plus me permettre. Ainsi Bobino, que je fais en 1973, sur le modèle de mes shows monégasques. Un spectacle qui fera couler beaucoup d'encre ! Attractions et chansons s'enchaînent. J'arrive ainsi en scène après un numéro de samouraï époustouflant. L'une des lames finit par déchirer un immense cercle en papier derrière lequel je suis plantée dans un nuage de plumes de cygne avec autour du cou un boa. Il s'appelle Philibert. Je viens de l'adopter. Il fait sensation. Je n'ai aucune difficulté à porter le serpent, ce qui a d'ailleurs étonné mes congénères de *La Ferme des Célébrités*. J'ai toujours aimé les serpents. Enfin toujours... Surtout depuis le jour où Federico Fellini m'a fait honte. Il tournait un film sur les clowns et le cirque.

Je devais pour ma part créer un numéro pour le gala de l'Union des artistes dont Jean-Pierre Cassel était le M. Loyal. Tout le monde était supposé être accompagné d'un animal. Lorsque je me rends au cirque Bouglione, il ne reste plus que les serpents ! Je dis à Cassel :

– Jamais de la vie ! Vous me prenez pour une conne !

Je me barre furieuse et je tombe sur Fellini. Il avait un grand faible pour moi, je lui raconte que ces imbéciles veulent me faire porter des serpents et qu'il n'en est évidemment pas question.

– *Cara mia*, viens avec moi. Nous allons régler ça.

Il me ramène dans le cirque Bouglione. Il prend le serpent et me regarde.

– Tu vois, c'est doux.

Il prend ma main.

– Bon d'accord, pose-le sur mes épaules.

Je me tiens droite, comme pétrifiée, et je comprends à cet instant que ce signifie l'expression le sang qui se glace. Le serpent, tout doux, commence à se balader, se glisser dans mes cheveux. Non seulement je ne me suis pas évanouie, mais j'ai, dès lors, conçu un amour inconditionnel pour les reptiles ! J'ai adopté Philibert qui a fait sensation sur la scène de Bobino. Il rendait mes musiciens dingues, ils refusaient de jouer, et, quand je passais entre eux pour entrer en scène, ils n'émettaient que des couacs ! Bobino est un grand spectacle, je me suis vraiment amusée à casser le rituel immuable du music-hall. La presse a salué la performance.

Je ne remonterai sur scène à Paris pour un véritable show qu'en 1989. Seize plus tard, à la Cigale pour un spectacle éclairé par Jacques Rouveyrollis en deux parties, l'une sépia, l'autre multicolore. La scène m'avait terriblement manqué, alors moins de deux ans plus tard, en 1990, je chante à l'Olympia. Il se passe quelque chose en moi, je change. Je commence à comprendre qu'il me faut quitter la nuit et me consacrer à la chanson.

Le spectacle dans lequel j'incorpore des chansons réalistes de Fréhel et Damia à mon répertoire au théâtre des Bouffes du Nord en 1993 finit de me convaincre. Ce théâtre est certainement le plus magique de Paris. Lorsque j'y suis entrée pour la première fois je m'en suis totalement imprégnée. J'ai enfin compris ce qui motivait Barbara pour arriver toujours à 16 heures alors qu'elle chantait à 20 h 30. Elle installait son rocking-chair, s'entourait de grands fichus et disait :

– C'est comme cela que je vais vers le soir.

J'ai mis ce spectacle en scène moi-même. Je me voyais en fille que les types foutaient toujours à la porte et je voulais retrouver le répertoire qui, gamine, me fascinait tant, notamment *La Môme Catch Catch*. J'entrais en scène en gueulant :

– Mais quel con celui-là !

En invectivant mon partenaire Michel Dussarat, dit Dudu, qui m'accompagne dans tous mes spectacles.

J'adore me mettre en scène. Je n'ai eu véritablement que deux metteurs en scène dans ma vie Jacques Charon et Pierre Palmade.

Pierre est un garçon extraordinaire. Une amitié profonde nous lie. Il est très attentif. Il avait vingt-deux ans la première fois que nous nous sommes rencontrés. Je lui ai dit :

– Tu me fais énormément penser à Thierry Le Luron, tout en étant différent, tu as le même intérêt pour les gens et tu les fais rire.

Nous nous voyions de temps de temps, il m'appelait régulièrement. Il avait besoin de me parler, alors que nous ne nous connaissions pas très bien. Au fil des années, nous sommes devenus plus proches, et il y a sept ans, un soir, dans un café, nous avons parlé chanson, et il s'est passé quelque chose. Nous avons imaginé un spectacle ensemble. Il m'a dit :

– Tu sais, je n'ai jamais eu d'échec...

– Rappelle-toi, moi non plus !

– Je te préviens Régine, ne va pas me faire une boîte dans le dos ! Je te l'interdis. Tu es une chanteuse, les boîtes de nuit, c'est terminé.

Il m'a accompagnée dans ce changement de vie. Il est très fort, il n'est ni lâche, ni prétentieux et surtout il est bourré de talent. Il n'y a pas de non-dit entre lui et moi. Nos fous rires, notre même ardeur à affronter la réalité telle qu'elle se présente m'ont aidée à reconquérir la scène. D'autant qu'évidemment, tout n'a pas été simple !

La sortie de l'album *Made in Paname* a été très difficile. Yann Philippe Blanc, le garçon qui a décidé que cet album verrait le jour, s'est tragiquement tué en moto une semaine après avoir signé mon contrat. Je connaissais Yann Philippe depuis longtemps.

Jeune, il était barman au Palace. Par la suite directeur chez Warner, il décide de remettre en valeur la chanson française à texte. Il adore mon nouveau répertoire et défend ce projet d'album avec vigueur. *Made in Paname* sort en février 2004. Comme toutes les autres maisons de disques, Warner est dans une situation difficile, et ne met en place que quinze mille exemplaires malgré toute la publicité et l'accueil merveilleux de la presse. Ils auraient dû en sortir cent cinquante mille ! Mais cela n'existe plus. Maintenant on fabrique les précommandes que décident les commerciaux, c'est du business avant tout.

Yann Philippe Blanc n'est plus là. Désormais l'histoire n'est plus la même. Pour lui j'étais une chanteuse réaliste classique, il avait même dit à mon producteur, Olivier Gluzman : « Régine est la dernière chanteuse réaliste, populaire. Quand elle partira, une page sera définitivement tournée. » Il avait une vraie ambition pour cet album, nourrie d'une véritable passion pour son contenu. Et l'on sait à quel point il est important d'aimer pour savoir donner le goût d'aimer.

Je ne me suis pas bien entendue avec les gens qui se sont occupés de moi après sa mort. Pour eux j'étais un produit commercial au même titre que les autres. Ils m'aimaient bien sans doute, mais aujourd'hui une certaine détermination est nécessaire pour défendre une artiste comme moi. Il faut être habité, car les majors préfèrent les coups à la *Star Ac'*, qui rapportent beaucoup et vite. Alors j'ai décidé de partir. De prendre le risque de ne plus avoir de maison de disques.

J'ai récupéré mes titres et tout va bien... Néanmoins, *Made in Paname* est une belle réussite. Cela faisait huit ans que j'avais les chansons dans un tiroir à la maison. Les premières sont de Marc Lavoine. Nous nous sommes rencontrés sur un plateau télé, nous avons beaucoup parlé et dans la foulée il m'a écrit trois chansons. Je lui ai dit que je ne les interpréterai pas tout de suite, qu'il fallait patienter jusqu'à la fin de la nuit. Le titre le plus sentimental de l'album, je le dois à Renaud. Quand il a su que je préparais un nouvel album, il a imaginé *Je viens danser*, en une nuit, sur un coin de table de la Closerie des Lilas.

L'histoire la plus cocasse de cette nouvelle aventure est la rencontre avec un auteur, Claude Posternak, qui n'avait jamais écrit de chansons de sa vie. Cela faisait des années qu'une amie, grande patronne de communication, me parlait d'un de ses clients qui voulait absolument me rencontrer. Je n'avais pas le temps. Un jour, à la télévision, je vois un spot avec ce slogan : « Les préservatifs vous souhaitent de bonnes vacances ! » Je le trouve génial. Cela faisait des mois que nous cherchions un bon slogan avec Jean-Marc Borello pour SOS Drogue international. J'appelle ma copine, lui demande qui a eu cette idée, elle me répond :

– C'est le mec que je veux te présenter depuis deux ans !

– Je déjeune avec lui demain !

Nous nous sommes séparés à 15 heures, et, en début de soirée, il avait déjà rédigé trois textes !

Notamment, *Une mère*. Je rêvais de quelque chose comme *My yiddish môme (yiddishe mama)* en version française. Dans la foulée, il a écrit dix textes en dix jours !

Les autres titres sont dus à des écrivains, Jean Rouaud (prix Goncourt en 1990) et Marie Nimier.

Armée de mes treize toutes nouvelles chansons, mise en scène par Pierre Palmade, je donne trois jours de représentations aux Folies-Bergère. Au mois de mai. J'entre en scène avec *Un jour je quitterai tout*. Une chanson terrible, une chanson de final. Nana Mouskouri m'avait demandé la permission de la prendre dans son spectacle, elle n'y est jamais parvenue, elle pleurait trop.

J'adore être sur scène et chanter. Je n'ai pas peur, je parviens à rester calme. J'aime faire participer le public, dire ce qui me passe par la tête, mais Pierre voulait que je dise son texte au cordeau ! À chaque incartade j'avais droit à la rouste ! Pour que je ne me trompe pas il a fait installer des prompteurs en avant-scène, c'est à cause de ça que j'ai découvert ma myopie ! J'ai vécu toute ma vie tranquillement sans savoir que j'étais myope, quel besoin avais-je de l'apprendre à soixante-quinze ans ! C'est emmerdant quand même ! Alors je le lui ai dit :

– Je n'oublierai jamais que c'est ta faute !

– À ton âge, je pensais que tu avais peut-être moins de mémoire !

– Arrête de me faire chier avec ma mémoire, à cinquante-sept ans elle va bien... (J'aime bien intervertir les chiffres...)

Pour en rajouter une couche, il sait y faire... On ne parle pas ainsi à une jeune femme comme moi !

Nous avons mis quatre ans à trouver le temps pour monter ce spectacle et Pierre a fait un travail formidable, en deux semaines de répétitions. Ses textes sont d'une grande justesse, nourris de nos interminables nuits de discussions. Je suis heureuse de chanter à nouveau, j'aime donner de la joie, entendre rire le public et le sentir ému. En revanche je ne fais jamais de rappel à cause de Brel. Deux ans avant la sortie de mon premier disque, j'étais allée le voir à Deauville, à sa sortie de scène je lui demande :

– Pourquoi est-ce que tu ne reviens jamais. Les gens sont là, debout, ils applaudissent et toi tu ne reviens pas.

– Rappelle-toi toujours de ceci : après ce n'est jamais comme avant.

Grâce au succès des Folies-Bergère, nous avons signé pour vingt-six représentations à l'Espace Cardin et aujourd'hui mille projets fourmillent dans ma tête.

Les Lumières de Belleville, surtout. Une comédie musicale que nous avons écrite, il y a quelques années avec Eddy Marnay, et que j'ai enfin décidé de monter lorsque Pierre Palmade l'aura un peu remaniée.

L'envie de ce spectacle m'est venue cinq ans après la mort de mon père. Longtemps elle a mûri en moi. La mort de mon père, je l'ai un peu occultée, je n'ai pas voulu y penser. J'ai été dure avec lui. Je ne voulais pas qu'il vienne dans mes boîtes. Un soir,

Jean-Claude, un de mes premiers amoureux, qui aimait jouer et boire, rencontre un bonhomme rigolo, un compagnon de jeu et de boisson. Il l'emmène au Whisky à Gogo. C'était mon père! J'ai fait une crise... Je suis comme ça, quand je ne veux plus voir quelqu'un c'est terminé... Aujourd'hui je m'en veux encore et je crois que je ne me le pardonnerai jamais. Mon père était fantasque, il jouait et buvait. Il nous a présenté, à mon frère et à moi, un nombre incalculable de nouvelles mamans. Il était fort en gueule. Lorsque je le gênais, il me mettait en pension et quand il n'avait plus d'argent il ne la payait plus. Il disparaissait, il revenait, nous ne nous connaissions pas. C'était un papa courant d'air. Après la guerre, il a repris un café, les Lumières de Belleville et il a récupéré son usine de confitures qu'il a pompeusement appelée les Confitures Villiers. C'est ce café que j'ai tenu... comme j'ai pu! La gestion de mon père était instinctive, les usuriers étaient ses meilleurs amis. Mes copains et copines de l'époque auraient bien aimé avoir un papa comme le mien, mais lorsque l'on est enfant et seule, la normalité nous fait rêver... La comédie musicale *Les Lumières de Belleville* est un hommage à cet homme. Le héros, c'est lui.

Lui, il descend des toits de Belleville. Elle, elle a foutu le camp de chez son père et s'occupe du vestiaire avec une copine *drag queen* dans une boîte de nuit. Elle goûte la réalité de ce milieu de la nuit qui la faisait rêver et se rend compte que finalement c'est factice. Le café de son père ce n'était pas si mal et que son bonheur c'est lui. Lorsqu'elle retourne à Belleville, elle se fait escroquer par un type qui veut lui monter une comédie musicale avec une histoire de faux tableaux...

Mon père était un grand excentrique et, enfant, cette excentricité me mettait mal à l'aise. Je lui ressemble terriblement, mise à part mon peu d'attraction pour l'alcool et pour les cartes, que je ne bats que pour y lire des oracles.

Du côté de Visan

Tant que je saurai aimer
Je survivrai, je survivrai
J'ai tellement souffert de choses que je préfère te dire,
N'essaie pas de m'attendrir, n'essaie pas de revenir
Je survivrai, je survivrai.

Alain Wizniak

Je l'ai échappé belle ! Lorsque Pierre Palmade a appris que j'avais accepté de participer à *La Ferme des Célébrités*, j'ai cru qu'il allait me tuer !

– Je ne peux pas cautionner ça, après le spectacle que nous avons créé ensemble aux Folies-Bergère, toi, tu vas te discréditer dans une émission de téléréalité, dans une ferme ! Je ne peux pas comprendre... Si tu y vas, je ne t'adresse plus la parole.

– Pierre, je comprends que tu puisses ne pas comprendre. J'ai beaucoup réfléchi avant d'accepter la proposition que m'a faite la production, mais une raison personnelle, très importante, me pousse à faire la Ferme. Viens à la maison. Je vais t'expliquer les raisons de cette décision.

Le soir même nous avons passé une longue partie de la nuit à discuter ensemble. J'ai gagné, mais la bataille a été rude ! Par la suite, il a été merveilleux avec moi et m'a soutenue dans cette nouvelle aventure. Il est même venu me rendre visite à la Ferme. Bien sûr en partie pour moi, mais aussi pour les autres pour lesquels il s'est rendu très disponible. Un fou rire dans le ciel orageux de Visan. Aujourd'hui il se moque de moi :

– Quand je me balade dans la rue. On me dit : « C'est vous l'ami de Régine ! » Tu te rends compte ? J'espère que tu n'es pas grisée d'être aussi fameuse et connue !

En écrivant ces lignes je me rends compte que je ne suis pas mécontente d'avoir participé à cette mascarade paysanne. Le vœu fondamental et intime pour lequel j'y suis allée s'est réalisé. J'ai retrouvé à Visan quelque chose de mon enfance, et de plus, physiquement ça m'a fait du bien. J'ai perdu huit kilos ! J'étais mieux de jour en jour. Je me suis rechargée en énergie. Pendant que les autres tombaient comme des mouches. Comme je le disais dans le chapitre précédent, la Ferme m'a permis d'entrer dans les foyers et de m'éloigner de cette image que j'ai toujours détestée : « reine de la nuit », hautaine et lointaine, vivant dans la soie, l'organdi et le whisky. J'ai reçu nombre de courriers très touchants de femmes de plus de soixante ans, me disant à quel point dans le jeunisme ambiant, elles avaient été rassérénées de voir une femme de « mon âge » (comme dit Palmade, et ça m'énerve !) se démener, s'occuper des bêtes – enfin pas trop, des bêtes... – et des hommes dans des conditions extrêmes, avec joie, bonne humeur et fermeté. Opération « tout bénef » comme on dit... Pourtant ça n'a pas été de la tarte tous les jours... La motivation première de chaque candidat est, prétendument, de défendre son association. Combien sont-ils aujourd'hui, toutes Fermes confondues, à s'en rappeler même le nom ? Pour ma part, j'ai toujours dit que l'association que je représentais – SOS Habitat et Soins, une branche importante de SOS Drogue international que j'ai fondée, il y a vingt ans avec Jean-Marc Borello – n'était pas ma motivation première. SOS Habitat et Soins a été créée, il y a dix ans pour les femmes en grande difficulté atteintes par le sida ou le cancer. Surtout pour que ces femmes puissent garder leurs enfants avec elles. Sans SOS Habitat et Soins, beaucoup d'entre eux se seraient retrouvés à l'Assistance publique. Nous avons aussi, et malheureusement, une maison de fin de vie équipée avec toute l'assistance nécessaire pour accompagner les malades dans leurs derniers instants. Pour tout cela nous avons besoin d'argent mais aussi de bénévoles. Depuis que nous avons créé cette association, je suis toujours aussi surprise et ravie de voir à quel point il y a des gens formidables, prêts à se dévouer, à donner de leur temps et de l'amour aux autres. *La Ferme des Célébrités* m'a permis de rapporter à SOS Habitat et Soins la somme de quatre-vingt mille euros. Pour rien au monde je n'aurais défendu une autre association, mais ni elle ni moi n'avons attendu *La Ferme des Célébrités* pour nous engager dans la lutte contre toutes les différences, contre les maux et les pièges qui sillonnent la vie de gens malheureux, drogués, alcooliques, malades, à qui nous nous devons de venir en aide.

Parmi mes proches, le plus surpris de cette réclusion auto-imposée a été mon ex-mari, Roger, avec qui je garde des liens d'amitié importants. Il s'est demandé comment j'allais faire ! Intrigué, voire effrayé par le message de mon répondeur : « En tournée internationale champêtre, je ne peux vous répondre. Veuillez laisser un message ! », il appelle immédiatement Mimi Marchand, que j'appelle affectueusement ma manageuse. Elle lui explique ce que je suis en train de faire. Il craint pour ma vie ! Tant de semaines sans téléphone, sans argent, sans boutiques... Comment pourrais-je rester zen, entourée de gens avec qui, mis à part Henri Leconte, la Baronne et Patrick Dupond, je n'aurais pas vraiment de quoi échanger ? En plus je suis maniaque. Je suis allergique à la poussière, je change de draps tous les deux jours... Mimi le rassure, je ne devrais pas rester plus de quinze jours.

Bien sûr sa réaction m'a fait rire. Jaune. Moi aussi je me posais toutes ces questions. Mais la raison profonde et intime qui m'a menée à Visan était bien plus importante que ces travers, dont j'espérais bien, tout au moins pour certains, me débarrasser au passage. J'ai accepté de faire *La Ferme des Célébrités*, car je voulais renouer un dialogue avec l'homme le plus important de ma vie. Un dialogue interrompu depuis trop longtemps. Je me suis dit que je pourrais, ainsi, le faire rire. Encore. Et ça a marché. C'est pour cette raison qu'au bout de deux semaines, je voulais quitter ce foutu bordel. Je n'avais plus d'intérêt à y rester dans la mesure où mon souhait le plus cher s'était réalisé. Je savais : Mimi m'avait faxé une lettre merveilleuse qui m'avait fait mourir de rire. Et de joie. Le lien était rétabli. Le pari, totalement fou, de dénouer une situation délicate intime grâce à une émission de téléréalité très grand public, était gagné ! Incroyable mais vrai. Alors qu'allais-je donc faire désormais dans cette Ferme aux allures de galère ! Je demande à sortir. Mimi m'apprend que je suis prisonnière du public. C'est lui qui décide. Ce que je n'avais pas capté ! Les téléspectateurs aiment bien mon personnage folklorique. Je les fais rire. Je dois rester. Il me faudra attendre huit semaines pour quitter mon fichu et retourner chez mon coiffeur !

Au commencement du jeu, ce n'était pas important pour moi de montrer ma vraie nature. Je suis comme je suis. Sans plus. Je m'amusais, et surtout je tentais de survivre dans cette saleté effroyable. Rapidement pourtant, j'ai compris ce qu'étaient la Ferme et le climat de Visan ! Bon, j'y suis, j'y reste ! Les gens m'aiment ou ne m'aiment pas. Je ne demande pas d'explication. Je préfère, comme tout le monde, être aimé, mais c'est un grand pas dans la vie lorsque l'on accepte de ne pas l'être. Dès mon enfance, mise au pied du mur, j'ai décidé que plaire n'était pas important, et qu'il n'était pas nécessaire de faire n'importe quelle concession pour y parvenir.

Le 30 avril 2005 lorsque je suis apparue en haut de l'immense escalier du plateau de *La Ferme des Célébrités* dans ma robe de velours noir sublime dessinée par Erté, surplombée d'une cascade de plumes, ce n'était pas la revue du Lido que je menais, et je ne savais ce qui m'attendait en bas de l'escalier. Comme tous les autres. Parlons-en des autres d'ailleurs ! Je connaissais donc Leconte, la Baronne et Dupond. Véronika Loubry aussi. Deux ou trois autres très très vaguement, et pour certains pas du tout. Nous allions cohabiter dans la plus stricte promiscuité.

Philippe Risoli, je ne m'étais jamais véritablement penchée sur son personnage. Il m'était totalement indifférent. J'avais entendu parler gentiment de Mallory Nataf que je trouvais extravagante et rigolote. J'ignorais totalement qui elle était. Je connaissais bien, en revanche, Patrick Dupond à qui je voue une profonde affection et une réelle admiration. Plastic Bertrand, je l'avais connu chanteur, un garçon assez sympathique et généreux. Belge (et moi je suis née en Belgique !), il aime la bonne bouffe et la gaieté. Véronika Loubry m'était plutôt très sympathique. Je la trouve ravissante, aimable et rayonnante. Je n'avais jamais imaginé que le poivre puisse lui monter au nez. J'avais vu Nathalie Marquay devenir Miss France. *A priori*, elle ne m'était pas sympathique, sans savoir pourquoi. Elle ne laissait rien envisager de très agréable. On me l'avait présentée comme une bête de concours, elle a fini troisième, on ne gagne pas à tous les coups. La Baronne, elle, je la connaissais depuis quarante ans. En dehors des villes où nous nous croisions régulièrement, nous nous retrouvions chaque année à l'occasion d'une croisière pendant laquelle elle se déguise beaucoup. Déguisements qui lui ont servi à Visan. Bien qu'elle soit peu généreuse et égocentrique, je ressens pour elle une certaine amitié. Elle a été élevée dans une ferme. Malgré ses chapeaux, elle connaît aussi bien les bêtes que les hommes. Disons qu'elle fait partie de ces gens qui ne changent pas. Ils ne régressent pas. Ils n'évoluent pas non plus. Ils sont tels qu'ils ont toujours été. Nous ne sommes pas intimes, mais la Baronne est une bonne fille et je ne lui veux aucun mal. Sinon, il y avait ce personnage, Jerry, sur lequel il n'est pas nécessaire de s'attarder. Je n'ai jamais vraiment su ce qu'il fait. Modèle ou mannequin, mannequin ou modèle? Tout dans les muscles rien dans la tête. Très pratique pour porter les valises et couper le bois. Jango Edwards, j'avais vu son numéro trente-cinq ans auparavant au Lido. C'est aujourd'hui un grand professeur pour acteurs. Il est drôle, malin et manipulateur. C'est un voyou, et moi j'aime bien les voyous! Joanna est une totale inconnue. Blonde. Gentillette, faisant des efforts pour essayer de comprendre. Princesse Erika, elle a du talent. Elle a été la première à péter les plombs, mais elle avait de gros ennuis familiaux. Henri Leconte, je l'ai vu grandir, c'est un amour de garçon, d'humeur toujours égale et bon. Le jeune Jordi, extrêmement calme. Je l'avais vu chanter môme et, comme tout le monde, je m'étais dit: pauvre gosse, que va-t-il lui arriver dans le futur? Nous y étions en plein désormais dans le futur. Je dois reconnaître qu'à dix-sept ans c'est un garçon très bien élevé, gentil, débrouillard, aimant sa famille. Une famille qui visiblement en a bavé.

Maintenant, imaginez, quatorze personnes, pêle-mêle, entassées dans un avion, en partance pour une retraite de quelques semaines dans une ferme au beau milieu du Vaucluse. C'est le mont Ventoux où tout le monde est fou !

Trimballés de droite et de gauche dès le *prime time* de lancement achevé, nous marchons au moins deux kilomètres dans l'aéroport avant de trouver l'avion privé loué par la production à une compagnie allemande. Nous trouvions ça chic. Les gens nous regardent comme des animaux de foire. Ce n'est que le début ! Dans ce tohu-bohu, je trouve le temps de me changer, d'enlever ma robe dans les toilettes de l'aéroport. C'est là que je rencontre Joanna pour la première fois. Aimable, elle me propose de m'aider. Elle est polonaise comme moi, elle pense que ça rapproche, je lui laisse le soin de baisser ma fermeture Éclair. Nous sommes tous terriblement angoissés et tendus, trouvant le temps long.

À Avignon des voitures nous attendent. Les chauffeurs sont censés avoir le plan. Visan n'était qu'à une trentaine de kilomètres. Nous ne savions pas où nous allions, nous étions six par voiture. Dans la mienne, il y a la Baronne avec ses plumes, Mallory Nataf et ses choucroutes de mousseline, Patrick Dupond, Joanna et moi déjà en baskets et robe de chambre...

Nous tournons en rond pendant une heure et demie avant d'être lâchés au bout d'un chemin caillouteux menant à une ferme illuminée comme le château de Versailles. Il est 2 h 30 du matin. Dans la salle commune, un buffet campagnard est installé.

Aucun plat chaud. La machine est en route. Nous ne sommes même pas encore installés que déjà nous devons répondre à des interviews dans ce que j'appellerais tout de suite la salle de réanimation, car c'est le seul endroit où il y a la clim. Nous sommes tous harnachés de ce qui va devenir notre meilleur ennemi, le micro. Nous étions supposés trouver nos valises en arrivant. Elles n'y sont pas. Je vais rester deux jours en robe de chambre. Nous sommes épuisés, la charcuterie transpire autant que nous sous les projos poussés à bloc. À ce moment, nous découvrons l'horreur. Notamment, les espèces de niches creusées dans le bois de l'escalier de fortune pour grimper sur la mezzanine-dortoir surplombant l'étable d'où les moutons effrayés regardent débarquer la horde bizarre. Le médecin qui m'a opérée deux mois auparavant du dos appelle immédiatement Mimi et lui dit qu'il m'est médicalement impossible de passer par là ! Jango, un malin, a tout de suite déniché dans le hangar un escalier digne de ce nom. Il me dit :

– Dans cet endroit, il y a une solution à tous les pièges.

C'était le premier d'une longue série de pièges qu'avait semés la production. Jusqu'à ce moment-là, aucun sentiment particulier ne prédomine. Ni antipathie dramatique, ni sympathie outrancière. Il y a même, encore, de la bonne humeur, les gentils fermiers ne connaissent pas le destin tragique qui les attend. Pas vraiment charmée par ce décor champêtre et odoriférant, je m'enquiers de l'entrée du fameux souterrain qui mène à l'hôtel cinq étoiles caché derrière la Ferme... Je ne l'ai jamais trouvé. Je vous le jure, il n'existe pas.

Les médias spécialisés ont fait des gorges chaudes de nos aventures fermières. C'est le jeu. Je ne suis pas là pour juger qui que ce soit ou quoi que ce soit, cependant il faut tout de même signaler à quel point la vie y est difficile. Outre le petit jeu consistant à nous affamer dans les premiers jours afin que tout le monde pète les plombs et que l'audience augmente, j'ai trouvé que ces conditions de vie étaient limites. Tous les outils étaient rouillés et les matériaux de mauvaise qualité. Datant de Mathusalem. Il y a jeu et jeu... dangereux.

Nous avons dû nous battre, par exemple, avec acharnement pour avoir davantage d'eau pendant la canicule. Ne serait-ce que cela... L'eau était en priorité réservée aux animaux et, pendant trois jours, elle a été coupée de 7 heures à 18 heures.

En revanche, je n'ai pas du tout été dérangée par le style de vie. Rien à voir avec mon quotidien, bien plus confortable, mais l'expérience ne m'a pas déplu. Ça m'a même fait du bien. Sept valises et trois sacs militaires sont remplis de tenues et de robes de soirée splendides. Je les ai laissées gentiment enveloppées dans leur papier de soie et n'ai sorti que mes joggings. Ils sont tous morts d'ailleurs ! L'eau de Javel et les détergents que j'ai dû utiliser pour décrasser cette maison en ont eu raison. Je me suis fait envoyer des fichus d'urgence. Les autres ne se sont pas rendu compte du travail titanesque accompli.

Ils revenaient épuisés de leur journée aux champs et s'étalaient sur leurs lits, totalement vidés. J'avais pris à ma charge de mener la baraque... Quand le naturel revient au galop !

Si dans les premiers temps, très show-biz, le public me trouvait drôle et forte en gueule, il m'a davantage appréciée dès que j'ai été nommée régisseuse. Les gens ont découvert une autre Régine. Je possède une longue pratique de l'intendance et des ressources humaines. Bien avant d'être patronne de boîte, j'ai appris que pour ne pas être le jouet des autres il ne faut pas se laisser marcher sur les pieds. Commander, être juste et équitable, à défaut de se faire aimer, inspirent au moins le respect.

1939, c'est la guerre. Joseph, mon père, décide de s'engager. Il se rend à Belleville au siège des Amis de la République française où est installé le bureau de recrutement pour juifs étrangers. Diabétique, l'armée ne voudra pas de lui. Mon frère et moi sommes évacués avec les autres enfants de notre école. Je n'ai pas dix ans. Je ne me rends pas bien compte de ce qui se passe. La guerre ? les vacances ? Grands adieux sur le quai de la gare. Mon frère et moi sommes séparés. Je me retrouve au château de Coulon au sud de Moulins. Un immense parc aux arbres centenaires entoure une vieille bâtisse aux pièces délabrées et glacées.

À peine arrivée, je repère trois garçons qui jouent à saute-mouton sur les poêles chauffés à blanc. Je décide d'en faire autant et atterris à l'infirmerie avec une brûlure profonde. À peine bandée, je réitère mon exploit, cette fois sera la bonne. Je deviendrai « la nouvelle qui saute par-dessus les poêles » et gagnerai le respect de chacun. Je deviens chef de bande et installe ma « maison » sous un immense sapin où je fais régner la loi. Tout va bien. Quelques mois plus tard l'armistice est signé. Dans le train qui me ramène à Paris avec mes petits camarades et la maîtresse, on chante, on rit. Je me vois déjà de retour rue Pasteur dans le onzième, près de République. Le train s'arrête. Sur les bords de la voie, des camions de la Croix-Rouge et des hommes en uniforme. La maîtresse murmure :

– Les Allemands.

Je n'en avais encore jamais vu. L'un d'entre eux pénètre dans notre wagon, et fait l'appel. Chacun répond : Présent ! Il coche. Lorsque arrive mon tour :

– Zylberberg !

– Présente.

Il ne coche pas.

– *Raus !*

La maîtresse me dit, les larmes aux yeux, que je dois descendre. Dans la gare des gens de la Croix-Rouge s'occupent de moi, d'autres enfants sont là. On nous indique que nous allons bientôt gagner un autre endroit.

Le château de la Patate ! Originellement château de la Brosse, ce dernier doit son nom à la prédominance du fameux féculent dans l'ordonnance des repas. Y sont réunis des enfants de toutes confessions, de toutes conditions. Certains dont on ne retrouve pas la trace des parents, d'autres que l'on ne souhaite pas renvoyer à leur famille.

La vie est plutôt morne, triste et dure dans cet endroit. Par hasard j'y retrouve mon frère. L'ambiance entre les enfants est électrique, il faut faire sa propre loi ou être dominé. Une drôle de règle règne sur la petite communauté. Il y a un chef par table. Tant que ce dernier n'a pas été défié et vaincu par un autre, il peut tout se permettre. Essentiellement vider les assiettes de ses congénères sans qu'aucun n'ose broncher. Cette pratique me révolte. Déjà que l'on n'a pas grand-chose à manger. Furieuse, je décide de me battre avec lui. Je suis déjà une justicière. J'impose mes règles. Poings et chaussures cloutées. Il me rit doucereusement au nez, mais accepte néanmoins mon invitation à la baston. Il a quinze ans, il est sec et grand. Moi, j'en ai dix, je suis extrêmement maigre. Et j'ai la rage. Un grand cercle se forme autour de nous. Les responsables de la Croix-Rouge regardent de leur fenêtre sans piper mot. Mon adversaire a la bonne idée de me lancer à la figure :

– La youpine va nous montrer ce qu'elle sait faire !

Le mot « youpine » me fait l'effet des épinards sur Popeye. En deux temps trois mouvements, mon pied armé de son godillot clouté s'écrase avec fureur et précision sur les parties intimes de mon adversaire. Les bijoux de famille volent en éclats, la douleur le sidère, il tombe à genoux devant moi, les mains entre les jambes, le visage déformé par la souffrance. Je n'hésite pas à l'achever en lui donnant des coups dans la tête. J'ai gagné. Plus personne désormais ne voudra se frotter à mes souliers.

À *La Ferme des Célébrités*, je n'ai pas eu (je ne dis pas que je n'en ai pas eu envie...) à en arriver à de telles extrémités. Cependant, bien des aspects de la vie en communauté sous l'œil inquisiteur des caméras m'ont fait penser au château de la Patate. Régisseuse à la Ferme, je négociais avec la régie, comme au château de la Patate avec les dirigeants nommés de la Croix-Rouge, afin d'obtenir des conditions de vie moins déplorables, et que règnent un peu plus de justice et d'équité entre les gens. À dix ans, je m'étais battue pour que tous les enfants du pensionnat aient des godillots et ne portent plus leurs infâmes sabots. À soixante-quinze, je me suis battue pour que tous les candidats puissent avoir de la nourriture et de l'eau en quantité suffisante et pour que les règles d'hygiène les plus élémentaires soient respectées. J'ai retrouvé de l'enfance à la ferme les batailles, les disputes, les engueulades. La nécessité d'imposer sa personnalité rapidement. Depuis que je suis gosse, j'ai appris à me battre pour des causes justes. L'injustice me dérange profondément tout comme les méchants, les vicieux. Je ne suis pas de cette race-là. Je suis de nature coléreuse, c'est vrai. Je remets vite les gens en place, mais une fois que c'est fait, j'oublie. S'ils ont mal au foie c'est leur problème. En interview, on m'a demandé pourquoi je remettais les gens en place sans prendre des gants, j'ai répondu :

– C'est mon vocabulaire ! Ce n'est pas parce qu'il y a des millions de gens qui regardent cette émission que je vais en changer. Ni de façon d'être d'ailleurs. Je suis comme ça. Si ça plaît, je reste, si ça ne plaît pas, je retourne à la maison. Dans les deux cas, je suis contente

À la Ferme, j'ai mené une vie qui me ressemblait. Je me suis occupée des gens. De l'intérieur. Au passage, je trouve désarmant et désagréable pour les fermières, les vraies, que les travaux de la maison ne soient pas pris en compte par le jeu, et que soient uniquement valorisées les tâches masculines ou les travaux de « force ». Les muscles, pas la tête. La saleté volontaire et outrancière installée avant notre arrivée par la production est ce qui m'a le plus choquée. La peinture des murs s'écaillait et tombait carrément dans la bouffe, le fourneau « à l'ancienne » était une bombe atomique. Dès que l'on mettait le feu la température montait à 400 degrés. Le tout dans une région extrêmement dure. Les dix premiers jours nous mourions de froid, ensuite nous avons eu la canicule. La douche fonctionnait avec un vélo, une chaîne et un moteur... Si le petit copain pédaleur roule trop vite ça ne marche plus et le jour où tu es fâchée avec tout le monde : pas de douche ! Je ne suis pas allée à Visan pour faire la guerre, je ne reverrai sans doute jamais la majorité des candidats, à la recherche du trophée du « meilleur fermier ». Je leur disais à tous de garder leur bonne humeur et leur sens de l'humour (j'ai quand même perdu le mien... quelquefois !), que tout cela n'était qu'un jeu où tout est scénarisé, monté, ordonné, manipulé pour rendre fous les participants et faire monter l'audience. Machiavélique. Une machine bien huilée pour briser l'*ego* et créer du pathos. Certains y ont laissé des plumes. C'est bien fait pour eux. Moi je suis sortie avec les miennes sur la tête. Parce que je le vaux bien !

Malgré mes piètres performances de fermière, je me suis maintenue jusqu'à quatre jours de la fin, à la surprise générale. C'est parce que, je crois, je ne suis pas tombée dans le panneau du complot et de la chamaillerie. J'étais juste la *mama* ! Autoritaire, méchante et tendre. Celle qui gueule quand il faut gueuler, invite à la révolution et fait la bouffe. Nathalie, Joanna, Jordi, Philippe... s'occupaient des bêtes, moi je m'occupais des gens. J'aurais sûrement pu aller en finale. Je ne l'ai pas souhaité et... le public non plus ! Disons, avec pudeur, que ce qui se passait était contre mon éthique. J'ai demandé à la production de me faire sortir, mais ce n'était pas dans les règles du jeu ! Quatre jours avant la fin, il fallait vraiment que je sorte. J'ai demandé par fax à mon association et aux gens qui votaient pour moi de ne plus le faire et de reporter leurs voix sur Jordi. C'est lui qui méritait de gagner.

Après avoir participé à une émission de téléréalité, je peux affirmer que le niveau de ce type d'émission ne dépasse pas le ras des pâquerettes, celui des concurrents... non plus. Mais je le savais... je ne participais pas à une émission de Bernard Pivot ! Un jour, plutôt que de courir après des escargots dans les champs, j'ai proposé à la production, puisque nous défendions tous des associations caritatives, de sortir de la Ferme et d'aller rencontrer des enfants dans des hôpitaux... Ils ont refusé.

La plus belle surprise à ma sortie de la Ferme a été de voir à quel point les gosses m'avaient adorée. C'est incroyable : pour eux je suis « la dame de la Ferme ». C'est étonnant. Si certains adultes ont été choqués par ma façon de parler et mes manières, les enfants eux ont apprécié. C'est qu'ils aiment qu'on leur dise la vérité et qu'on les fasse rire...

Aujourd'hui avec le « politiquement correct » personne n'ose plus dire la vérité. Nous vivons au cœur d'une hypocrisie généralisée. Nous sublimons l'hypocrisie. Moi, je suis incorrigible. Je n'ai pas d'*ego*, mais faut pas m'emmerder, c'est tout. Je suis un titi de trottoir.

Les fax de mon fils Lionel (un florilège suit) m'ont beaucoup aidée et m'ont fait mourir de rire.

> *Pour Régine*
>
> *À la fermière des âmes perdues dans la nuit*
>
> *Ici, il n'y en a que pour le référendum (qui sera le prochain régisseur ?). Hier le président a préféré observer une neutralité de bon aloi : après tout il est le président de tous les fermiers et fermières. Cependant, il n'aura échappé à personne que la « nouvelle impulsion », dont il a fait état après le 29 mai, impliquait un nouveau régisseur et nous savons que tu es la mieux placée pour faire marcher tout ce petit monde au pas du lama, un pas souple, un pas élégant mais efficace.*

As-tu pris des bikinis, voilà la question qui a alimenté le repas familial hier soir. En effet la chaleur qui s'abat sur notre beau pays entraîne des conséquences qu'il convient de ne pas négliger. Un bikini, après tout, est la tenue idéale des fermiers. En effet, et peu de gens sont au courant, en bikini les parfums corporels mêlés à ceux des huiles solaires déclenchent certaines hormones animales et doublent la production de lait des vaches, d'œufs de poules (parfois même des coqs pondent), de gigots d'agneau, de tranches de jambon de porc et bien d'autres produits de bien d'autres animaux. Les lamas crachent des jets de vanille quasiment pure, les autruches parlent en langues, bref, tu l'as compris, le bikini a des effets puissants sur les animaux de la ferme.

Une fois ce sujet épuisé les enfants comme les adultes ont repris leurs papotages sur des sujets futiles et sans grand intérêt, comme la cosmogonie dogon comparée aux institutions du royaume du Bénin au XV*e siècle et bien entendu la révolte owo. Un assoupissement général s'est abattu sur la maison et, bientôt, dans nos lits de 2× 2 avec draps de lin, nous sommes tombés dans un profond sommeil réparateur.*

Voilà, il est maintenant l'heure de se plier au rituel du déjeuner (trois saumons au Flore, ou sushi au Kinogawa), bien obligés car la prod locale insiste pour que nous vivions à la dure nous aussi !

*

Pour Régine

Ainsi que tu as pu le constater notre analyse de la situation après le discours de Jacques Chirac s'est avérée exacte. Tu as été nommée régisseuse comme il en avait formé le vœu devant la nation tout entière. Les analystes n'ont rien compris. Ils tentent de détourner notre attention de l'essentiel. Pour eux, le tandem Villepin/Sarko est le nœud du problème de la nouvelle donne. Mais, bien sûr, l'essentiel se joue à Visan, où encore une fois tu devrais être nommée régisseuse. En effet, ton plan emploi fermier, ta vision globale du problème de l'agriculture et de l'élevage sans parler de la gestion des communautés, des volontés et capacités des uns et des autres démontrent que ton destin est tracé.

En te débarrassant de la Baronne tu as redonné à la France d'en bas, aux travailleurs et aux travailleuses de notre pays, un véritable espoir. L'égalité des chances existe, et ce n'est pas parce que l'on a de beaux papaux rigolos qu'on est heureux ou même beau. Bien sûr, il est toujours triste de voir un des fermiers quitter Visan et sa population si tra-

ditionnellement française. Mais enfin, en ces temps de globalisation, de mondialisation, on ne fait pas d'omelette sans lardons, et pas de lardons sans cochon et pas de cochon sans cochonne.

Ici, tout va bien. Hier encore on s'est endormis comme tout le monde, sur nos deux oreilles. Daphné est passé en première, comme Tessa est passée en terminale.

Finalement, tu vas rester jusqu'au mois de décembre à Visan, comme tu me l'avais indiqué. Savent-ils à la prod que tu comptes t'installer avec ta famille et ouvrir une boîte de nuit avec resto et gîte rural? Bon, comme dirait un américain fatigué, bye bye.

*

Pour Régine

Encore une fois c'est le parti de la raison qui l'a emporté. Tu es à nouveau régisseuse et tu vas pouvoir encore une fois bénéficier des avantages qui vont avec la fonction. Donner des ordres, te plaindre, pester contre qui te chante, être injuste, faire des caprices, voire fomenter des révoltes contre la prod. Ah, je t'envie. Nous sommes fiers dans le quartier maintenant, on ne nous regarde plus de la même manière. Nous sentons une sorte de respect mêlé à de la jalousie. Parfois même on nous approche et nous signons volontiers des autographes en ton nom.

Tiens ! ce matin encore mon kiosquier m'a fait cadeau de New Look *et de* Union *qui vient de sortir avec Danielle Gilbert en couverture. Il m'a dit : si vous parlez à votre mère dites-lui bien que j'ai tapé 1 toute la soirée avec les téléphones de ma femme et de mes cinq enfants et celui du chien, avec ceux du voisin et de sa femme et que j'avais collé une affiche en bas de mon immeuble avec ce slogan « RÉGINE VOTEZ OUI ». Il est sympa.*

Daphné qui passait la soirée chez des copines qui ont chacune deux ou trois portables et portent toutes des t-shirts super courts a voté avec ses copines. Je crois que c'est par une mobilisation générale comme celle-ci que tu as obtenu un score proche du plébiscite.

Faudrait quand même que les travaux avancent un peu plus vite. Sinon la ferme ne sera jamais prête pour nos vacances et on peut pas changer nos plans du jour au lendemain ! Surtout que j'ai prévu une sous-location pendant les quinze jours de juillet où nous allons à Cholet pour notre stage NO STRESS annuel (cette année nous avons aussi pris l'option wok – un max de recettes en un minimum de temps).

Du côté de Visan

Bon je te quitte car j'ai beaucoup à faire encore et faut que je sois libre à 19 heures pour te rejoindre à Visan avec la famille devant notre 16/9 écran géant.

La fille que je suis

La fille que je suis, prends-la
Prends-la comme elle est ou laisse-la
C'est un lot d'un seul tenant
Il faut tout prendre en même temps
La fille que je suis, prends-la
Prends-la comme elle est
Ne commence pas à dire qu'il y a du mauvais
Tout est bon dans le poulet
Pas question de me contester
Ni sur ma façon de m'habiller
Ni sur ma façon de babiller sur mes copains
ou mes idées
Pas question de me disputer le droit de sortir
jusqu'à l'aurore
Le droit de courir au vent du nord
Le droit de changer de port.

Pierre Delanoé

Avec *La Ferme des Célébrités*, la France a découvert la Régine gouailleuse, rentre dedans, râleuse. Certains pensaient peut-être que c'était seulement dans les chansons ! Eh bien non, je suis vraiment comme ça. Paradoxalement ce côté-là de mon personnage a beaucoup plu. Il est vrai que la télévision distille à longueur d'antenne des bons sentiments mièvres et dégoulinants, alors voir débarquer d'un seul coup une femme qui ne mâche pas ses mots, ça surprend mais ça revigore ; il faut savoir que je suis comme cela dans la vie. J'aime ou j'aime pas, ça me fait chier ou pas, j'ai envie ou pas et je le dis, tout cru, et en face. Il n'y a pas de différence entre Régine la nuit, Régine sur scène, Régine à la Ferme, Régine dans le privé, Régine dans les dîners mondains ou Régine à Belleville. Ce qui me gêne le plus chez les gens c'est le manque de charme, d'âme et de bonté. Je ne suis pas indulgente. Cette constance dans mes humeurs m'a valu des amitiés longues, profondes et riches tout comme quelques antipathies et autres engueulades mémorables...

Aujourd'hui pour beaucoup, et en particulier pour mon public gay, je suis une icône. C'est un mot qui ne me plaît pas du tout. Une icône, premièrement ça ne veut rien dire, et surtout ça me donne l'impression d'être enterrée depuis cinquante ans au Panthéon des vieilles stars du music-hall. Je suis tout le contraire d'une icône, je ne suis pas éthérée, nacrée comme une perle dans sa coquille. Je suis une réaliste, je vis dans le monde d'aujourd'hui, je dialogue avec les gens qui m'entourent et je n'ai jamais changé de langage. Certes on ne peut pas utiliser les mêmes mots quand on apprend à danser le twist au duc de Windsor et aux têtes couronnées du monde entier qu'avec son pote de palier. J'aime bien en revanche raconter mes histoires, pas par nostalgie, mais parce qu'elles sont drôles, qu'elles font rire et que ce sont des vraies anecdotes vécues.

Il me semble que l'on ne peut pas exercer le métier de la nuit sans une certaine fermeté dans la tenue des rapports humains. Mes coups de gueule, mes choix radicaux m'ont valu une image de femme un peu dure et intransigeante. Les gens imaginaient que j'étais sujette aux sautes d'humeur et aux caprices. Je ne suis pas du tout capricieuse, c'est un défaut que j'ai en horreur. Cette image a faussé pas mal de choses. Les gens me craignent, surtout ceux qui ne me connaissent pas. Ils se demandent comment je vais les recevoir ! C'est fou comme les rumeurs sont dangereuses. Alors que j'écoute avec attention ceux qui se livrent à moi. Je ne fais pas semblant. Et, si je n'ai pas envie de les écouter, je ne fais pas semblant non plus !

Julio Iglesias me disait toujours :

– Régine, c'est la guerre tous les matins. Quand je me lève pour moi c'est la guerre.

– Pourquoi parles-tu ainsi, tout te réussit...

– Non, il y aura toujours quelqu'un pour prendre ma place.

Pour ma part, je n'ai jamais pensé que quelqu'un prendrait ma place. Dans tout ce méli-mélo de gens qui tiennent des boîtes et animent la nuit, je ne pense pas être prétentieuse en disant cela, mais je ne vois pas venir une deuxième Régine. Le moule est cassé, n'en parlons plus. De toute façon, s'il y en avait eu une, je l'aurais probablement tuée !

Dans un précédent ouvrage, je dis que je suis née furieuse. Que j'avais déjà tout décidé dans le ventre de ma mère. En tout cas très vite je me suis affirmée telle que je suis encore aujourd'hui. Je suis née en Belgique, au-dessus de la boulangerie paternelle. Un 25 décembre. Joseph, mon père, tapait le carton au bistrot. Lorsqu'il est arrivé tout était fini. Il est retourné jouer. Juif polonais, issu d'une famille d'intellectuels, Joseph est le petit canard noir, ou plutôt le colosse trublion intempestif et imprévisible au grand cœur. Je lui ressemble énormément. Je me souviens du premier conseil qu'il m'a donné. Ma mère nous avait quittés pour aller vivre en Argentine. Je n'ai jamais su pourquoi et je n'ai jamais cherché à le savoir. Nous vivions en pensionnat jusqu'au jour où mon père, flanqué d'une nouvelle épouse, nous a récupérés. Elle s'appelait Thérèse. Nous l'avons beaucoup détestée. Aimée aussi.

Nous vivons rue Pasteur près de République au-dessus de l'entreprise de confitures de mon père. Des manifestants chantent *L'Internationale*, que j'entonne immédiatement, un de mes standards de l'époque. J'entends pour la première fois le nom de Léon Blum, nous sommes au printemps 1936. J'ai sept ans. À l'école, je suis un peu sauvage, je fais bande à part. Du coup je reçois des coups ! Je le dis à mon père. Sentencieux, il me tend une pièce de un franc pour me consoler et déclare :

– Si on te donne une gifle, rends-en quatre !

Ce conseil-là, proféré comme un ordre, jamais je ne l'ai oublié et toujours je l'ai appliqué. Et je n'ai pas fait dans la dentelle !

Toute ma vie, j'ai eu une chance infaillible et une enfance, paraît-il, extrêmement difficile. Comme beaucoup à l'époque. La seule différence, c'est que je ne m'en suis pas rendu compte ! Les choses arrivaient, telles quelles, je les prenais telles quelles. Le seul moment vraiment difficile qui m'a marquée indélébilement c'est la disparition de mon premier amoureux, de mon seul amour, Claude.

Pendant la guerre, libérés du château de la Patate, nous retrouvons mon père à Aix-en-Provence, où M. Zylberberg est devenu, tout simplement M. Joseph. Béret et pipe pour faire goy. Thérèse l'a quitté, il est furieux, mais s'en remettra bientôt. C'est le moment où je suis recueillie et cachée dans un couvent. Le week-end, mon père joue au casino et moi je regarde les revues. C'est là que je fais mes premiers pas sur scène, au casino. Un jour, la mère supérieure me convoque dans son bureau, me fait asseoir et me dit :

– Régine, je dois te parler sérieusement. Il y a certaines choses, graves, que tu dois savoir. Mais avant tout, il faut que tu acceptes ce que je vais te dire sans poser de questions, même si tout cela te semble absurde.

Je comprends qu'il se passe quelque chose de très grave, car habituellement, elle me vouvoie.

– Désormais Régine, tu ne t'appelles plus Zylberberg. Tu t'appelles.... Nous ne t'abandonnerons jamais.

Mon père vient d'être arrêté à Lyon. C'est étonnant mais je ne me souviens pas aujourd'hui du nom que les sœurs m'avaient donné pour remplacer le mien. Peu de temps après, un homme et une femme se présentent au parloir. Ils m'expliquent avec précaution l'arrestation de mon père. Il portait sur lui à ce moment-là des papiers qui pourraient permettre aux Allemands de me retrouver. Les couvents ne sont plus des endroits sûrs. Ils m'emmènent avec eux à Lyon, ils sont membres de l'Union générale des israélites de France. Je resterai là jusqu'à la fin de la guerre, à Lyon, chez les Heyman, au 77, rue de la Villette, dans un home pour vieillards, tous alsaciens. C'est en souvenir de cette famille qui m'a accueillie et cachée que je chante *Le Juste* (M. Lepetit) dans mon dernier album, *Made in Paname*.

« C'était pendant la guerre, il s'appelait Lepetit, c'est lui par une nuit claire qui, enfant, m'a recueillie, le monde était colère c'était un homme gentil, il disait, il disait, il disait : faut bien aider les gens dans la misère... »

Je trouve que l'on parle beaucoup des collabos et trop peu des Justes. Moi, je n'ai pas oublié.

Chez les Heyman, dans cette maison de grands-pères et de grands-mères, je rencontre mon premier grand amour. Leur fils. J'ai treize ans et demi. Claude en a seize. Et nous nous aimons. Il se moque de mes rêves de princesse, c'est un garçon studieux, intelligent, cultivé. Il m'apprend beaucoup, se charge de mes études et veut me forger une culture tant physique qu'intellectuelle. Il me force à me lever le matin à 5 heures pour travailler avec lui avant qu'il ne parte pour le lycée. C'est le moment privilégié, tout le monde dort, où l'on peut s'aimer totalement. Claude décide de m'épouser. Il veut qu'à mes quinze ans, je devienne sa femme, pour la vie. Il en fait le serment. Ne supportant plus de vivre dans le mensonge, il se rend, le jour de son anniversaire, chez son oncle Dreyfus, qu'il aime et respecte. Il veut avoir avec lui une discussion à notre sujet. Il ne veut pas que je l'accompagne. Nous sommes le 6 juin 1944. Le jour du débarquement.

Il ne reviendra jamais, il sera arrêté à la synagogue avec son oncle. Nous sommes à quelques semaines de la Libération. Claude a pris l'un des derniers trains. Je ne m'en suis jamais remise. Il est, il a toujours été ma référence. Intellectuelle et sentimentale. J'ai eu beaucoup de chance, à treize ans et demi, de rencontrer l'homme de ma vie.

J'ai été gâtée ensuite par les hommes et j'ai plein de belles histoires à raconter, mais patience... Je suis un chat de gouttière, après Claude j'ai été mariée deux fois, pourtant je me suis toujours sentie libre et indépendante. Je ne dois rien aux hommes, ni à personne. C'est cette liberté qui parfois fait peur. Les gifles que j'ai données aussi !

Certainement pas la première, mais sûrement l'une des plus retentissantes, fut celle dont j'ai gratifié un journaliste de *Paris-Presse*, Alain Naulin, un assistant d'Edgar Schneider. L'échotier me qualifiait invariablement et selon son humeur de « grosse » ou de « sale youpine ». J'ai profité d'une soirée organisée par Georges Cravenne au Moulin-Rouge, où, suivant la mode fraîchement lancée par Yves Saint Laurent, tout le monde était habillé en smoking, même les femmes, pour gifler copieusement et en public le plumaillon antisémite.

Moins grave et plus rigolote, l'histoire avec Philippe Bouvard couronnera mes rapports conflictuels avec la presse. Je ne laisse rien passer. Au début des années soixante, mon amitié avec Georges Cravenne, grand organisateur de fêtes cannoises et parisiennes, m'assure les meilleures places à l'occasion des premières de spectacles et autres galas. Cela semble déranger le futur animateur des *Grosses Têtes* qui écrit : « Il y a une dame qui est passée du vingtième rang au premier. Elle y occupe deux sièges et s'appelle Régine (Zylberberg). » Je lui réponds immédiatement : « Cher ami, je ne veux pas être en reste de politesse. Je vous envoie trois Bottin, vous pourrez ainsi voir convenablement Guignol du dernier rang. » De la même manière, quelques années plus tard, j'ai envoyé un pot d'Herbezan, un puissant laxatif, à Claude Fléouter, journaliste au *Monde*, qui avait écrit un article odieux sur la première de mon spectacle à Bobino, dans lequel il ne faisait allusion qu'à l'aspect mondain de la soirée et ne parlait pas du tout du spectacle. Si les mondanités coinçaient le monsieur, il était urgent de le déconstiper. Il faut savoir que Claude Fléouter n'avait pas été nommé au conseil d'administration de Bobino quand M. Vitry est mort. Il prenait là sa revanche.

Il y a cette histoire aussi, qui a fait du bruit et dont je suis assez contente. Lorsque j'ai décidé d'arrêter de travailler à Monte-Carlo, j'ai eu envie d'ouvrir un lieu à Saint-Tropez, pour les enfants de mes copains. Comme je voyageais beaucoup, je n'avais pas eu le temps de les voir grandir, ils avaient désormais tous entre dix-sept et dix-huit ans. Je trouve un lieu sympathique, je reprends le nom de mon premier club, le New Jimmy's, je demande aux parents de me donner chacun une caisse de whisky ou de champagne et de rester tranquillement au Byblos qui est plus pour leur âge ou ailleurs afin que je m'occupe tranquillement de leurs mômes... Quelle rigolade, je portais même des baskets, c'est dire ! La personne à qui appartient le lieu décide de louer la salle d'à côté à Jean-Marie Le Pen pour l'un de ses meetings. Je lui demande de ne pas le recevoir, il refuse. Je convoque la presse et un huissier, je décroche mon enseigne et ferme la boîte en expliquant la raison. Jacques Chirac, que je croise quelques jours plus tard à la piscine de l'Eden Rock d'Antibes, me félicite. Je lui ai répondu :

– Ne me dites pas bravo. En revanche, s'il vous plaît, ne lui ne serrez jamais la main. L'extrême droite ne fait que 3 % pour le moment, mais cet homme est en train de réveiller chez les gens le racisme et la haine. Il faut immédiatement lutter contre, il véhicule des idées épouvantables.

Curieusement Jean-Marie Le Pen était là. Il guettait Chirac. Il sort de l'eau au moment précis où le futur président de la République, face à lui, ne peut l'éviter... Chirac se retourne vers moi :

– C'est un élu, je ne pouvais pas ne pas lui serrer la main.

J'en ai giflé bien d'autres, virtuellement ou physiquement, l'ignominie, la bêtise crasse, le racisme et la méchanceté me révoltent. Je rends chaque coup au quadruple. Merci Joseph.

Longtemps j'ai cru détester mon père. Lorsqu'il est mort, je me suis rendu compte que je l'aimais énormément. Joseph était un grand excentrique. Enfant, cette excentricité me rendait mal à l'aise. Je l'ai déjà dit. Il buvait des coups. Il jouait. Combien de fois, je l'ai ramené ivre à la maison. Un jour, il s'est même mouché dans ma robe sur le quai du métro. Quelle honte ! On manque de distance à l'adolescence et surtout on rêve d'être normale ! La normalité avec Joseph était impossible ! Aujourd'hui je sais que c'est une chance, et que je lui dois beaucoup. Hormis le fait que je ne joue pas et que je ne m'adonne pas à la boisson, je lui ressemble d'ailleurs énormément. Les gens l'aimaient beaucoup, il empruntait à des usuriers pour donner de l'argent aux pauvres, il a toujours vécu avec brio au-dessus de ses moyens. J'ai gagné beaucoup d'argent, mais je n'ai jamais aimé le fric pour le fric. J'aime le fric pour ce qu'il peut apporter de joie et de bonheur. À l'enterrement de Joseph, j'ai été touchée par la foule et les discours de gens que je méconnaissais. J'y découvrais un papa que je ne méconnaissais. Évidemment, à son enterrement, j'ai ri. Toujours ce même réflexe nerveux chez moi. Je n'ai pas pu m'en empêcher. Surtout lorsqu'une femme, qu'il détestait profondément, s'est jetée sur moi pour me dire tout le bien qu'elle pensait de mon père. À ce moment-là, elle s'est pris les pieds dans la petite corde qui entourait la tombe ! Jolie blague du paternel, non ?

Comme Joseph, je ne sais pas ce que c'est que la dépression. Je me gratte, je m'écorche, je m'isole vingt-quatre heures et je repars en guerre. Je suis joyeuse et optimiste. À soixante-quinze ans, je n'ai pas peur de l'avenir, je travaille à organiser les vingt prochaines années de chansons, de scènes et de théâtre. Je n'aime pas l'apitoiement. Je veux de l'apparat partout, de la vitesse et de la passion. Je suis passionnée et théâtrale. Si dans la vie, comme dans l'amour, il n'y a pas de fou rire alors, adieu Berthe !

Moi, mes histoires

Moi, mes histoires,
C'est moi la dernière à y croire.
Qu'est-ce que tu crois.
Les miroirs nous séparent,
J'y vois mon âge et ma vie,
Tu n'y vois que ton visage,
Moi, mon image
Je la sais de passage,
Alors je me fais des enfants, des amants, un passé
Où je serais passée.
Mes histoires, elles remplacent
Ce qui se casse dans ma mémoire.

Jean-Loup Dabadie

Je n'ai jamais parlé des hommes de ma vie. Tous ont une place particulière car ils avaient ce qui est à mes yeux le plus important chez un homme : le charisme, beaucoup de talent et un charme irrésistible. Pour cela je leur garde une place spéciale dans ma mémoire et dans mon cœur. Sportifs, acteurs, chanteurs, têtes couronnées... Mais jamais d'hommes mariés, pour moi ce sont des eunuques ! Il ne s'agit pas, ici, de dresser un tableau de chasse, ni de déployer une panoplie, mais d'évoquer de merveilleux moments de vie. J'aime par-dessus tout les amitiés amoureuses qui ne mènent pas toujours au lit et durent souvent bien plus longtemps que les histoires de cul.

Lorsque j'avais un doute, j'allais dîner avec Jean-Claude Brialy et l'élu du moment à l'Orangerie. Il savait me mettre sur la voie. Notre amitié de trente-cinq ans ne s'est jamais démentie, il est pour moi l'homme le plus courtois et le drôle que je connaisse et surtout ses anecdotes sont toujours renouvelées.

Parmi les grandes amitiés, il y a aussi Alain Delon. Une amitié complexe et difficile, mais ancrée. Nous le savons tous les deux. Nous ne nous sommes pas quittés pendant vingt ans, je l'aime tel qu'il est, pas toujours facile, mais moi non plus je ne le suis pas !

Johnny Hallyday a souvent dormi à la maison. Mais sur le canapé, dans le salon. Et, seul. Je le connais depuis qu'il a dix-sept ans. Il s'est pointé Chez Régine en blouson en cuir sans cravate. Je ne l'ai pas laissé entrer et l'ai envoyé se changer. Lorsqu'il est revenu, avec une cravate, je lui dis de rentrer chez lui et de revenir comme il était habillé avant...

Souvent, les gens arborent des mines mi-choquées, mi-amusées lorsque je déclare qu'à soixante-quinze ans, j'ai deux amants... Qu'ils me croient ou pas je m'en moque et franchement je m'en fous. En revanche je fais toujours des rencontres et j'ai des amitiés amoureuses en très bon état de marche !

Le sexe et l'amour sont tabous, paraît-il ? Moi les tabous, je leur tords le cou. Je suis une passionnelle. En amour comme en amitié, je suis un voyou, je ne supporte aucun manquement. J'ai toujours vécu en femme libre. Malgré le mariage. Certes, j'ai respecté mes engagements, même si je considère que sur trente-quatre années de vie commune, seules quinze comptent véritablement. Le reste du temps, Roger et moi nous ne nous voyons que peu. Donc, au fond, je suis une vieille fille. Et surtout, j'aime la liberté. Le mental est pour moi plus fort que les rapports sexuels, même si je ne crache pas dessus ! Quant à l'amour, il a toujours une fin.

Si les hommes tiennent une place importante dans ma vie, jamais je n'ai dépendu d'eux. Jamais. Et qu'aucun ne s'avise de se pointer un jour en disant qu'il m'a faite, ou que je lui dois tout (c'est le genre de conneries que peuvent dire les hommes...), il aurait affaire à moi ! S'il imagine qu'il m'a faite, c'est moi qui vais me le faire.

Il y a trois catégories de rencontres. Les nulles, on n'en parlera pas. Je ne les regarde pas. Restent les amants de passage et ceux pour qui j'ai éprouvé une attirance cérébrale et pas physique. Pour entrer dans mon lit, il faut d'abord entrer dans ma tête. Contrairement à ma réputation, je ne vais pas directement au lit. D'abord, parce que je déteste mon lit ! Je le dis très joliment dans une chanson de mon dernier album, *Ma Bête noire* écrite par Jean Rouaud et Marie Nimier.

Mon lit à moi c'est ma bête noire,
Une vraie usine à cafards,
La variété « spécial cauchemar »,
Premier prix mérite agricole,
Autour de moi ils caracolent
En se prenant pour des lucioles.

Depuis toujours, aller au lit représente un véritable rituel. D'abord je me démaquille, je me brosse les dents, je vais à la cuisine, je lave la vaisselle, je passe des coups de fil... que je sois seule ou pas je fais ce que j'ai à faire. En somme, lorsque je gagne enfin ma chambre, s'il y a un homme glissé entre mes draps, il roupille ! Et moi, évidemment je le laisse dormir. De toute manière, je préfère l'amour l'après-midi. Le soir, il n'en est pas question, c'est pas mon truc. Je me prépare, je me maquille, je dîne dehors, je sors... mes nuits sont longues et il n'est pas question que je les écourte. Longtemps je rentrais entre 10 heures et 11 heures du matin. Faire l'amour l'après-midi était comme une gymnastique physique et cérébrale, plus ou moins salutaire selon le degré de tendresse, d'amitié et d'amour de la personne. Le sexe n'a jamais été primordial chez moi. Il fallait qu'il se passe quelque chose de magique et de drôle. Mon mari a longtemps soupiré, il ne comprenait pas pourquoi on m'avait collé cette réputation de coquine. Je vais certainement ternir la légende, que j'ai d'ailleurs longtemps entretenue, mais désormais je peux tout dire. Ou presque. J'ai eu de très longues aventures avec plusieurs hommes, même si je suis persuadée que l'on peut tomber amoureuse en une nuit, et pour une seule nuit. Ce n'est pas toujours la peine que ça dure vingt ans !

J'ai divorcé de mon premier mari, Paul, à vingt ans, j'ai attendu jusqu'à l'âge de trente-sept ans pour repasser devant le maire. Enfin, ce n'est pas que j'ai attendu, je n'ai rien attendu du tout, j'ai simplement laissé la vie couler avec son flot de surprises. C'est dans cette période-là que j'ai vécu la majeure partie de mes belles et grandes histoires. Pour moi le fou rire fait partie de l'amour, si on ne rit pas c'est que, franchement, l'on n'a rien à faire ensemble.

Après l'amour, il y a des hommes qui aiment fumer une cigarette, soit, mais pas dans ma chambre, je déteste ! Quant à moi, je disparais... Je retourne à mes occupations, je passe des coups de fil... Je ne suis pas très câline paraît-il... Mais alors, passer des heures à rouler-bouler sous la couette, ça m'ennuie.

Il y a cette phrase des filles, que je n'ai jamais comprise, quand un mec passe :

– Ah je me *(le)* ferai bien *(ce mec)* !

C'est inconcevable pour moi. Comment peut-on dire cela uniquement parce que le type qui traverse la rue a un beau physique. On ne peut pas penser qu'en dessous de la ceinture. En revanche lorsque j'en remarque un qui a de la classe et de l'allure, je me dis :

– Tiens, j'aimerais faire sa connaissance.

Bien sûr, ça arrive. Et puis on voit. Curieusement lorsque j'ai de l'attirance pour un homme, je fais l'inverse de ce que font les femmes habituellement. Je ne le regarde pas et je ne lui parle pas. Ce qui a le don de l'exaspérer. J'ai toujours retardé le moment d'établir le contact avec quelqu'un susceptible de me plaire. C'est toujours le cas aujourd'hui.

Ces personnages avec lesquels j'ai eu des relations importantes étaient souvent des garçons timides, malgré des métiers qui les mettaient en valeur. Je suppose que ma personnalité extravertie, ma sociabilité et mes éclats les impressionnaient un peu, mais je suis comme une geisha, je m'occupe très bien des hommes... C'est que je les connais bien.

Un soir, j'arrive au club, John Wayne est là. Je suis très émue et impressionnée. Le cow-boy me regarde d'un œil complice et tendre et me lance :

– *Ah ! You are THE Régine ! Nice to meet you...*

J'avoue avoir été un peu surprise (et flattée !) de la sortie, il faut dire que, sans défrayer la chronique, j'avais déjà ma petite réputation à Hollywood... J'avais déjà noué des liens très intimes lors de leurs venues à Paris avec Robert Mitchum, Gene Kelly, Warren Beatty et Steve McQueen... Il n'y avait pas de temps à perdre, ils n'étaient que de passage ! Warren Beatty était avec Natalie Wood. Un soir, il me tripotait la main derrière le dos, tout en demeurant impassible lorsque Natalie lui a retourné une claque monumentale ! C'était rigolo... Nous sommes restés de très bons amis, Warren et moi, lorsque je vais à Hollywood, je ne manque jamais d'aller voir sa famille. C'est important. La fin tragique de Natalie Wood m'a vraiment attristée. Son premier mari, Robert Wagner, était un grand ami. Ma relation avec Gene Kelly a duré quinze jours tout de même ! Lorsque je suis allée aux États-Unis nous n'avons pas poursuivi nos ébats, Gene et moi. C'était un amour parisien ! Il était l'homme avec qui depuis toute petite j'avais rêvé de danser. Un soir, il est venu au club, et nous avons dansé jusqu'à 7 heures du matin. J'ai conservé avec Steve McQueen, pendant de longues années, une très belle relation. Je l'ai rencontré lorsque *Télé 7 jours* l'a fait venir pour le western feuilleton qui l'a rendu célèbre, *Au nom de la loi*. Je ne parlais pas anglais à l'époque, alors nous parlions en yiddish ! Car, jeune, pour gagner sa vie il avait travaillé dans une épicerie juive où il avait acquis de bons rudiments. Il y avait entre Steve et moi une attirance totale, irrépressible, qui se passait très bien de mots... Alors, en anglais ou en français, qu'importe ! Lorsque je me suis mariée, nous sommes restés très amis, et il venait souvent, l'été, passer plusieurs jours dans ma maison de Saint-Tropez.

Un soir au New Jimmy's, je fais la connaissance de Jean-Claude Killy, il revenait des jeux Olympiques, auréolé de sa performance et de sa médaille d'or. Il venait de signer son premier contrat pour l'Amérique. Il a failli ne pas partir. Il est venu à la boîte célébrer son départ et son contrat, nous avons fait une fête extraordinaire. Il était très beau, timide, il possédait un charme et un charisme incroyables dont il ne se rendait pas compte. Du coup, il en devenait totalement irrésistible. Nous avons beaucoup parlé et ri. Toute la nuit. Et nous sommes rentrés ensemble, sans même nous poser la question. Le surlendemain, il devait partir... Nous nous sommes revus de temps en temps, en toute amitié, j'ai pour lui un profond respect. C'est la première fois que je parle de cette nuit qui n'a fait aucun bruit. Ce sont ces moments rares et précieux que j'ai longtemps conservés dans mon jardin secret. Ça fait partie des occasions que, dans la vie, il ne faut pas manquer ! Il faut percevoir la beauté de l'éphémère. Un moment en suspens.

Il en va de même avec Jean-Paul Goude. Au moment où, après le twist, je lançais la bostella

Chez Régine, rue du Four, Goude m'avait dessinée dans *Play Boy*, toute nue, les fesses creusées de deux adorables fossettes. Castel était représenté sur le même dessin, une coupe de champagne à la main, un pied posé sur moi. La presse glosait beaucoup sur notre prétendue guéguerre, nous en riions beaucoup mais nous ne manquions pas de l'entretenir. Il y avait de cela dans le dessin de Jean-Paul Goude. À ce moment-là, je venais de me fâcher avec la bande de *Match*, qui buvait à l'œil chez moi et m'appelait la grosse partout ailleurs. Ils ont élu domicile chez Castel, la bostella avec eux. Le jour de l'an, Goude arrive au club avec des copains. Au milieu de la nuit, je vais le voir et lui dis :

– Il serait peut-être temps que tu vérifies si j'ai vraiment des fossettes...

Un immense fou rire s'est emparé de nous et ne nous a pas quittés jusqu'à l'aube suivante. J'ai même oublié rue du Four la recette de la boîte...

Si, il y a un homme qui a bien failli me faire tout oublier, c'est Manuel Benitez, dit El Cordobes. Le torero le plus génial du XXe siècle. Je connaissais déjà un peu le *mundillo* pour avoir fréquenté de près un autre torero, Luis Miguel Dominguin, mais à l'instant où Cordobes et moi nous sommes rencontrés, la vie s'est emballée, tout est devenu fou, dingue, hallucinant. Il avait vingt-neuf ans, moi trente et un. J'étais fascinée par la corrida. Dès que je le pouvais, je descendais à Nîmes, à Séville, à Madrid pour en voir, danser le flamenco et la sévillane. L'Espagne est ma seconde patrie. Dans les arènes ovales les plus prestigieuses de France, je l'ai vu pour la première fois. Blond aux yeux bleus, une prestance, une grâce et un courage incroyables. Je me suis juré de le rencontrer. Jean Cau, l'ancien secrétaire de Sartre devenu journaliste, prix Goncourt en 1961, devait l'interviewer pour *Match*. Il trouve un sponsor, lui réserve un hôtel et le fait venir à Paris. J'apprends qu'un de mes meilleurs amis, Marc Doelnitz, organise un dîner chez Castel auquel je ne suis pas invitée. Furieuse mais pas à bout de ressources, j'organise un autre dîner dans le même endroit à la table d'à côté. À partir du moment où je me mets à danser – un twist forcément – El Cordobes ne me quitte plus des yeux. Je le prends par la main, lui fais traverser les deux rues qui séparent Chez Castel de Chez Régine, pour lui en apprendre un peu plus. De trois jours, personne ne reverra le matador et Jean Cau ne fera jamais son interview. Dans la foulée de cette lune de miel, il m'emmène en Espagne... Un véritable voyage de noces. Nous restons trois jours de plus ensemble et nous donnons rendez-vous pour les prochaines grandes corridas à Madrid, au mois de mai. C'est un hasard, j'avais au même moment une aventure avec le cousin germain du futur roi d'Espagne. Je descends au Ritz. À sa première *faena*, Cordobes se fait transpercer la jambe. Je cours à la clinique des toreros accompagnée de mon ami et interprète (je n'avais pas eu le temps d'apprendre l'espagnol en un mois !) Guy de Rougemont. Je trouve mon amour au lit, une guitare à la main, toute la famille habillée en noir regroupée d'un côté du lit, un bandage énorme autour de la cuisse. La scène était cocasse, Rougemont traduisait des « je t'aime, moi aussi je t'aime » sous l'œil effaré de la famille ! J'étais arrivée à Madrid avec une malle Vuitton et trois valises débordantes de chignons, robes de soirée, paires de chaussures... Un soir, je me préparais pour un grand bal, où je devais retrouver le cousin germain, lorsque, à 18 heures, le concierge de l'hôtel m'appelle pour me prévenir qu'el signor Benitez est en bas. Je lui dis de le faire monter. Il refuse. À ce moment-là les hommes n'avaient pas le droit de retrouver les dames dans leur chambre d'hôtel. Je dis au concierge :

– Demandez-lui ce que je dois faire...

– Il vous demande de faire vos bagages et de descendre le plus vite possible.

Je jette tout pêle-mêle dans mes valises et je descends. Il m'attendait devant l'hôtel au volant d'une immense Mercedes blanche. Le concierge n'en pouvait plus de voir son idole de si près et s'en voulait à mort de n'avoir pas pu le laisser monter. Il m'a salué de sa casquette au moins une dizaine de fois ! Cordobes m'a emmené en banlieue, dans un appartement qu'il venait d'acheter pour ses parents. Deuxième étage et évidemment pas d'ascenseur... Pas pratique lorsque l'on est perché sur des talons interminables... C'est là dans la cuisine de cet appartement au milieu du linge en train de sécher qu'il m'a demandée en mariage. J'étais la femme qu'il souhaitait épouser. Pendant les deux années qu'a duré notre relation, il a renouvelé plusieurs fois cette demande.

Finalement il s'est marié avec une Française. Je lui avais pourtant expliqué que j'étais Polonaise.

Il y a dans cette histoire avec Cordobes quelque chose de théâtral, de terriblement romantique et d'inoubliable. Un conte merveilleux pour petite fille, une grande passion fusionnelle pour la femme. Une histoire qui perdure, nous nous sommes retrouvés pendant des années à Marbella où je m'occupais d'un club, à Miami aussi, car il est le parrain d'un des enfants de Julio Iglesias. À soixante ans, Cordobes viendra toréer pour moi et mon association à Palavas. Il me lancera sa cape et Roger, mon mari, jaloux quittera les arènes !

Comment ne pas évoquer ici, mon Pygmalion, Porfirio Rubirosa. Une amitié amoureuse et cérébrale. Nous avons toujours été ensemble. Amis et amants, malgré son mariage et ses aventures. Il m'a donné des conseils précieux, son raffinement était imparable. Si nous dînions à une table de jolies femmes, il invitait toujours la moins belle à danser. Et il flirtait avec, ce qui avait le don d'énerver toutes les autres et d'en rendre une, pour un soir, la plus heureuse du monde. Quelle élégance...

Aujourd'hui, je remarque que je me suis rarement trompée sur mes hommes. Beaucoup ont réalisé de belles choses. C'est pour eux que j'ai chanté *J'ai toujours porté bonheur aux hommes* :

J'ai toujours porté bonheur aux hommes,
J'ai toujours été bonne avec eux...
Que ce soit en amour, dans la vie ou au jeu,

On dit toujours que j'ai la chance au bout des doigts,
Il paraît que mon optimisme est contagieux,
Vivre avec moi c'est un peu comme toucher du bois...

Il y avait un garçon que j'ai toujours adoré, un journaliste. Patrick Thevenon. Blond, magnifique, gracieux, courtois et très cultivé. Il se posait beaucoup de questions, nous avions une aventure passionnelle et platonique. Une fois, une fois seulement, nous avons failli... Il était « au-dessus de mes moyens ». Nous venions de rentrer, je portais une robe noire couverte de plumes, il en était dingue ! Je lui propose d'échanger nos vêtements. Nous dansons, lui en femme, moi en homme, langoureusement et de pas en pas, nos lèvres se rapprochent. Doucement. Enfin, il m'embrasse. J'attendais ce baiser depuis quatre ans ! À ce moment-là, je vois une tête hirsute au regard affolé passer la porte du couloir. J'avais totalement oublié qu'un chroniqueur d'Europe 1 avec qui j'étais à ce moment-là, grippé, passait sa convalescence dans mon lit. Nous avons été pris d'un tel fou rire que tout était foutu ! Thevenon ne s'est plus posé de question, il a vécu sa vie. L'histoire avec Christian Barbier s'est poursuivie encore quelque temps avant de s'échouer sur les rives de Marbella. Je suis très friande de ces petits instants d'humour fou et de rigolade. Comme cet autre moment, mon aventure ratée avec Omar Sharif juste après le tournage de *Lawrence d'Arabie*. Omar venait très souvent au Jimmy's avec Peter O'Toole. Un matin nous rentrons ensemble, nous nous enlaçons tendrement dans le salon. D'un seul coup, je vois son regard se figer et son visage virer au blanc. Il me dit :

– Il y a un chien !

J'avais un énorme berger allemand. Je ne savais pas qu'il avait une peur horrible des cabots. Nous en rigolons encore ! Et quand parfois nous nous disons que c'est dommage, alors je lui glisse :

– Tu sais, maintenant, j'ai des bichons maltais ! C'est plus petit...

Je ne souhaite pas établir un « catalogue » de mes amoureux. Pourtant, comment ne pas parler de Claude François, une relation folle, courte mais dense ! Je suis à l'origine de sa première chanson *Belles, belles, belles.* Nous sommes toujours restés amis. J'ai conservé avec Éric de Rotschild une amitié exceptionnelle. Je connais bien son épouse et ses enfants. Nos après-midi ont été plus longues que... nos nuits ! Il n'était pas marié, moi non plus.

Entre mes deux mariages, entre vingt et trente-six ans, il faut dire que mon statut de sainte patronne de la ruche m'a avantageusement aidée à appâter les garçons... Pourtant, durant cette période, j'ai eu une grande passion de quelques années avec un homme. Jean-Claude. Je l'avais rencontré sur la plage sportive de Cannes où j'étais venu rejoindre mes amis Jacques Charon et Robert Hirsch. J'avais fait Paris-Cannes en douze heures et en Dauphine ! Je venais juste d'avoir mon permis. Épuisée, à peine arrivée, blanche comme une cuisine en Formica, je m'allonge pour roupiller sur un matelas à la plage. À ce moment, dans un vrombissement phénoménal, un bateau s'engouffre sur le sable, semant la frayeur dans l'assemblée. Sur le Chris-Craft, un hurluberlu baraqué et mort de rire. Je me lève, je lui fous une baffe. Je retourne me coucher. Il me fera la cour pendant des semaines. Il est même sorti avec ma meilleure copine pour parvenir à entrer au Whisky à Gogo, où de barmaid, j'étais devenue patronne. Et puis un jour j'ai cédé devant sa constance. Il était fou et nous avons eu une belle aventure, tumultueuse comme à cet âge-là. Je ne savais pas trop ce qu'il fabriquait, il était un peu voyou. Un peu gigolo. Mais bon, très généreux. C'est avec lui que j'ai construit mon premier club, Chez Régine. Son grand truc, quand il sortait au petit matin, était d'aller dans les troquets saouler les ouvriers avant qu'ils aillent bosser ! Combien de fois ai-je dû aller le récupérer... Nous sommes restés cinq ans ensemble. Lui, il s'occupait d'une autre boîte, le Sept. Un jour, il m'a trompée avec Rita Cadillac, une des stars du Crazy Horse Saloon avec Rita Renoir. Il n'est pas rentré à la maison pendant plusieurs jours. Je me suis dit « tant pis » ! Notre relation était devenue très difficile. J'ai fait ses valises, je les ai mises sur le palier. Quelque temps plus tard, le soir de son mariage, nous avons passé la nuit ensemble dans un bistrot de la gare du Nord à parler, parler, parler... Il voulait passer sa nuit de noces avec moi et il ne voulait pas rentrer chez lui...

Moi, j'étais déjà ailleurs. Lorsque nous nous étions séparés, j'avais créé le New Jimmy's, je vivais une idylle romanesque avec Georges Cravenne. Quelque temps avant j'avais eu un amant, Kim d'Estainville, un aventurier sentimental de grande famille reporter à *Paris-Match* qui venait de partir au Yémen comme mercenaire, car il se posait beaucoup de questions sur lui... J'avais le cœur brisé. À son retour, il a vécu une longue histoire avec Inès Rochas, une très belle femme.

Mon plus bel aventurier, c'est évidemment Maurice Herzog, je n'avais pas vingt-cinq ans, il revenait de l'Annapurna, je n'ai pas pu lui résister, et nous sommes toujours de grands amis. Il faut dire qu'outre mon goût particulier pour les princes, j'ai toujours eu un petit faible pour les sportifs... Quelques corners avec un footballeur célèbre et une très jolie et longue histoire avec Björn Borg. Alpages, pelouse, gazon... Autant de couches où j'ai rêvé d'exploits grandioses pour mes champions. Il y a bien eu un ring aussi... J'ai adoré la boxe et Carlos Monzon.

Mes premiers liens avec le Maroc datent de bien avant mon mariage avec Roger Choukroun. Le prince Moulay Abdallāh frère du roi du Maroc Hassan II et moi avons entretenu une relation d'amitié très personnelle et dévouée pendant des années. Je garde pour lui une tendre affection. Toujours avant mon mariage, mais cette fois en Tunisie, j'ai été très liée avec Bibi Bourguiba. J'ai été à cette époque l'invitée très privilégiée de l'inauguration d'Air Tunis avec une flopée de VIP.

C'est à l'occasion de ce voyage que je me suis liée d'une grande amitié avec Louise de Vilmorin.

Le sport, tout comme les têtes couronnées, ce n'était pas trop son truc, mais alors quel virtuose ! Comment ne pas l'évoquer ? Jacques Brel. Une immense amitié. C'était un homme extrêmement sensible et timide. Un soir, il chantait à Deauville. À la fermeture de mon club, qui à l'époque s'appelait le Brummell, nous avons marché longtemps en bord de mer. Il était tendre. De temps en temps il nous arrivait de rentrer ensemble, quand sa femme – qui n'était pas très facile – le mettait à la porte. Nous sommes devenus très amis. Au moment où Barbara m'a écrit *Gueule de nuit*, il a passé plusieurs soirs de suite à la boîte avec la bande. Sur la banquette de l'entrée s'entassaient Françoise Sagan, Serge Gainsbourg, Thierry Le Luron, Barbara... et Brel qui restait jusqu'à la fermeture. Je me suis inquiétée, il n'était pas dans ses habitudes d'être noctambule. Il m'a dit :

– Je ne peux pas rentrer chez moi. Je devrais aller à l'hôtel, mais je n'ai pas un sou.

– Jacques, tu es Jacques Brel, tu peux aller dormir n'importe où !

– Jamais je n'oserai me présenter dans un hôtel sans argent.

J'ai appelé le Plazza, leur ai expliqué et évidemment ils l'ont traité comme un roi. Seul, il n'aurait pas osé. Quelle humilité. Bien plus tard, j'étais mariée, nous étions à New York. Il me dit :

– J'ai rendez-vous avec une femme demain. Je n'ai qu'une seule idée c'est de la voir monter l'escalier.

– C'est à quel étage ?

– Au neuvième.

– Tu sais, il y a des ascenseurs !

– Oui, mais je veux la voir monter l'escalier. Après je m'en fous !

– J'aime cette histoire. Elle est jolie.

Les hommes... Il y a un vrai plaisir à réveiller toutes les vieilles histoires, ces aventures singulières, ces amitiés particulières. Comme un jeu. Il est plus difficile en revanche de dire la profondeur d'un amour qui dure trente-quatre ans. Roger. Je ne l'ai pas quitté au bout de tout ce temps pour quelqu'un d'autre. Je l'ai quitté pour être seule. J'ai été perturbée par mon mariage, car même avec des coups de canif dans le contrat, l'homme principal, le repère, demeure le mari. J'ai eu deux ou trois passions partagées pendant notre vie commune. Roger les a toujours ignorées, ou en tout cas a fait comme s'il ne les voyait pas. Il avait peut-être peur de me perdre. Moi aussi. Sa discrétion est une preuve d'amour et, de toute manière, il a toujours su que je suis excessive. À la suite de notre rupture, j'ai connu de profonds moments de spleen, je sais que lui aussi. Contrairement à ce que l'on dit, l'habitude ne tue pas l'amour, n'efface pas les moments tendres.

Nous avons divorcé d'un commun accord, dans la plus grande discrétion, animés de sentiments amicaux. Nous poursuivons une belle relation. C'est aussi une preuve d'amour.

Moi, mes histoires

La fêlure, dont parle la chanson, *Moi mes histoires*, elle est là, elle sillonne ma vie amoureuse. Certainement ouverte par Claude, mon amour adolescent. De toutes mes histoires, ensuite, je n'ai jamais voulu aller jusqu'au bout. Je n'ai pas envie de vieillir à côté d'un homme. Je pense que je serai éternellement une vieille fille. Une femme indépendante surtout, je n'ai jamais vraiment aimé, depuis l'enfance, que l'on me prenne dans les bras, que l'on m'embrasse...

Un seul homme ne l'a jamais fait. Pourtant il m'a longtemps accompagnée. Peut-être partagions-nous la même fêlure. Ma plus belle amitié : Serge Gainsbourg.

Ouvre la bouche ferme les yeux

Pour avaler, les avaler les mouches bleu marine
Ou la quinine
Ou la purée,
Il n'y a qu'un seul moyen efficace pour que ça passe
Et en douceur,
Ouvre la bouche ferme les yeux
Tu verras ça glissera mieux.
Ouvre la bouche ferme les yeux,
Si les mouches entrent un peu,
T'en fais donc pas *pour si peu,*
Ouvre la bouche ferme les yeux...

Serge Gainsbourg

À commencer par *Les Petits Papiers*, je dois à Serge Gainsbourg la plupart de mes plus belles chansons. Et pourtant, il m'en a écrit des gratinées ! Celle-ci, par exemple, *Ouvre la bouche, ferme les yeux*, il ne l'aurait pas proposée à Nana Mouskouri ! Pour Serge, j'étais une nouvelle Fréhel, une hirondelle de faubourg, avec tout ce qui va avec : la gouaille, l'effronterie, la générosité à fleur de peau, l'émotion à vif... Il considérait que je me trompais, je devais jouer la carte de la chanson et pas celle de la nuit. Son fantasme était de me voir chanter habillée en fille des rues, chaussée de bottines.

En 1993, je donne un récital de chansons réalistes au théâtre des Bouffes du Nord à Paris. À celles que m'a écrites Serge, j'en mêle d'autres comme *La Môme catch catch* qu'interprétait Fréhel ou *La Java bleue* de Damia. Assise sur une chaise, habillée par Jean-Paul Gaultier je porte un imperméable, une robe de velours noir moirée et des bottines. Pour ce spectacle, je raye *La Grande Zoa* de mon répertoire et je range les plumes et les strass.

J'avais décidé que ce serait l'histoire d'une fille qui vient de se faire virer par son mec et qui raconte sa vie en chansons. À la fin du spectacle, Jane Birkin me dit en pleurant, un bouquet de violettes à la main :

– C'est ainsi que Serge aurait voulu te voir. Je suis très émue Régine. Aujourd'hui tu réalises son rêve.

Au début des années cinquante, barmaid au Whisky à Gogo, rue du Beaujolais, m'installant dans cette nouvelle vie de belle de nuit qui commençait sans que je sache encore où elle me mènerait, un air me trottait dans la tête : *Le Poinçonneur des Lilas*. Dans ce petit coin de la rive droite, planqué à l'abri des arches du Palais-Royal, je commençais à prendre mes marques et à agrandir ma famille. Il y avait le mari de Colette qui venait de temps en temps boire un coup en promenant le chien. Je voyais souvent sa fille aussi, sortir de chez elle. Colette, jamais. Un jour, je prends mon courage à deux mains et dis à son mari que l'un de mes rêves serait de la rencontrer. Rendez-vous est pris. Un appartement merveilleux, débordant d'objets de toutes sortes. Elle est assise là, dans un fauteuil à bascule, un plaid sur les jambes, le regard doux, le visage auréolé de sa vaste chevelure frisée gris argent. Elle me fait signe de m'asseoir près d'elle, sur un coussin à ses pieds :

– Bon, alors raconte-moi, qu'est-ce que c'est que la discothèque ? Qu'y fais-tu ?

Je lui raconte tant bien que mal, très impressionnée, faisant attention à mon langage, ce que je fabrique dans ma cave à l'escalier abrupt, le juke-box trafiqué, les loupiotes bariolées et la piste de danse graissée. Je lui dis, surtout, à quel point j'aime danser et faire danser. Elle me regarde en souriant.

– Oh moi aussi ! Tu sais, j'étais danseuse nue au Bataclan quand j'étais jeune.

Et c'est vrai ! Bien plus tard, lors d'une soirée chez Maurice Chevalier à Marne-la-Coquette, j'ai vu, sur le piano, une photo d'elle nue, dédicacée. « À Maurice, très tendrement, Colette. »

Non loin de ce nouvel éden, la rue du Beaujolais, il y a un endroit magique : Milord l'Arsouille. À deux pâtés de maisons. Michèle Arnaud y chante tous les soirs. En prêtre défroqué, Jean Yanne y sert quelques insanités. Un garçon avec des cheveux très courts et des grandes oreilles accompagne Michèle Arnaud au piano, et fait ses armes avec quelques-unes de ses propres compositions, *Le Poinçonneur des Lilas* donc, *La Javanaise...* Serge Gainsbourg. Tous les soirs avant d'ouvrir le Whisky à Gogo, je vais le voir. Rapidement je lui propose de venir boire un coup après sa prestation. Nous sympathisons illico, il n'est pas encore une immense star. Il devient un fidèle et ne manque jamais de passer en sortant de chez Milord l'Arsouille. Et puis, un jour, il se marie et disparaît.

Dix ans plus tard en 1965, lorsque je décide de chanter, je pense à lui tout de suite. France Gall vient de gagner l'Eurovision avec la chanson *Poupée de cire, poupée de son* que lui a écrite Serge. Je l'appelle, il débarque dès le lendemain... Flanqué de sa femme ! Par chance, la journée, j'aime traîner à la maison en robe de chambre, ni coiffée, ni maquillée. Je les reçois, ravie de revoir Serge. Sa femme s'installe dans un fauteuil et tricote. Vous remarquerez que beaucoup de femmes de chanteurs... tricotent ?

Il y a là mes mentors, Eddy Marnay et Émile Stern. Nous discutons, longuement.

D'emblée il me dit que ma voix, ma façon de chanter qu'il avait entendues sur une démo lui rappelaient sa chanteuse préférée, Fréhel. Ça tombait bien, moi aussi ! Trois jours plus tard au téléphone :

– Je t'ai bricolé quelque chose, je pense que ça peut te plaire...

– Ne pense pas, viens !

Il arrive seul. Sa femme a dû se dire qu'avec mon style négligé, elle n'avait rien à craindre. Je ne risque pas de lui vamper son mari. Elle est d'une jalousie féroce ! Il me joue *J'te prête Charlie, mais il s'appelle reviens*. Une très jolie petite chanson marrante et courte.

– Bon, il y a autre chose. Mais je ne sais pas si c'est une chanson. Le texte n'a ni queue ni tête, si on coupe, on peut peut-être en tirer quelque chose. Ou alors si on ne lit qu'une ligne sur deux... Je ne sais pas, il faut voir...

– Serge, s'il te plaît, arrête de me faire languir. Joue-la-moi !

Et alors... la magie :

Laissez parler les petits papiers,
À l'occasion papiers chiffon,
Puissent-ils un soir papiers buvards
Vous consoler,
Laissez brûler les petits papiers,
Papiers de riz ou d'Arménie
Qu'un soir ils puissent
Papiers maïs,
Vous réchauffer...

Dès que je l'ai entendue, j'ai su que cette chanson m'appartenait. Il m'a dit, bien plus tard, que l'idée des *Petits Papiers* lui était venue en souvenir de la chanson de Fréhel : *Les Petits Pavés...*

Sur le coup, Charles Aznavour n'a pas été emballé, aujourd'hui il dit que c'est une grande chanson, c'est vrai qu'elle est surprenante. Quant à Eddie Marnay et Émile Stern, ils se sont montrés tout de suite enthousiastes.

Nous passons l'après-midi et tout naturellement le soir se pointe, j'imagine que Serge va rentrer chez lui. Il me propose d'aller dîner.

– Mais ta femme ?

– Je n'ai plus de femme !

– Plus de femme ?

– Oui, à partir d'aujourd'hui j'ai plus de femme. J'ai rendez-vous cette nuit avec sa sœur. Je vis une histoire avec elle.

– Alors je suis ton alibi !

Un alibi, je le serai souvent dans ma vie pour lui... Après le dîner, la sœur nous rejoint au Jimmy's. Françoise Sagan est là, évidemment, Pierre Bergé, Jacques Chazot, Le Luron... nous passons ensemble une nuit inoubliable de fou rire. De ce soir-là, il n'est plus jamais rentré chez lui. Sa femme me téléphone le lendemain, j'ai un chat dans la gorge :

– Savez-vous où se trouve Serge ?

– Je suis désolée Madame, mais je ne le sais pas. Pourquoi le cherchez-vous ?

– Il n'est pas rentré.

– Ah bon, c'est étrange... En tout cas il n'est pas chez moi, je vous en donne ma parole...

Affolée, j'appelle Serge au numéro qu'il m'a communiqué la veille pour le prévenir. Il me répond qu'il va passer à la maison car nous devons travailler. Une fois chez moi, il me raconte l'histoire et me dit qu'il ne sait pas où dormir. Comme je lui propose de l'héberger, il refuse. Entre nous a commencé une vie de noctambule, de fou rire et de travail. Il m'a écrit de merveilleuses chansons ainsi qu'à toute une série de femmes qui ont sillonné sa vie. Dont celles, discrétion oblige, qui ne voulaient pas aller au restaurant pour ne pas être prises en photo avec lui. Alors qui les recevait et tenait la chandelle ? Moi ! J'ai passé toute la période Bardot dans ma cuisine ! Je n'avais même pas le droit d'inviter mes amoureux ! Alors nous dînions tous les trois, je n'allais tout de même pas passer la soirée dans la rue en attendant qu'ouvre le Jimmy's. Ils étaient très amoureux l'un de l'autre. Ils gazouillaient et ne s'occupaient pas de moi. Elle le charmait complètement. Lui, il était flatté qu'une femme aussi belle soit amoureuse d'un homme aussi laid. Ce qu'il prétendait. Non, Serge n'était pas laid, il avait un charisme incroyable. Elle, elle se cachait pour vivre leur amour paisiblement, lui ne rêvait que de se faire prendre en photo avec elle... Avant qu'il ne rencontre Jane, nous avons passé cinq longues années jalonnées d'aventures rocambolesques, de flirts et de folie en compagnie d'une sacrée bande dont faisaient partie Jacques Chazot, Thierry Le Luron, Jean Marie Banier, Pascal Gregorry... fin des années soixante, début des années soixante-dix.

Cet homme qui se croyait très laid avait un succès fou avec les femmes, il le leur rendait bien. À chacune de ses conquêtes, il écrivait des chansons. C'est bien mieux qu'une rivière de diamants ! Pour ma part j'avais un coup de cœur énorme pour lui, mais nous n'avons jamais eu d'aventure. Nous n'avions pas le temps, nous étions bien trop occupés chacun de notre côté ! En revanche, nous avons partagé une amitié amoureuse et cérébrale de gangsters, nourrie à l'humour juif, aux coups de cafard et aux coups de violon. Il me séduisait, pieds nus dans ses Repetos blanches les bras couverts de petits bracelets 1930 de Cartier. Il adorait les bijoux, les diamants, les émeraudes et les rubis. Nous évoquions souvent nos pères, le sien violoniste, le mien joueur. Nous étions trop semblables pour passer le cap. Même si nous avions réussi à nous embrasser, un fou rire aurait certainement coupé court à toute autre possibilité. Lorsque, par exemple, il m'a écrit *Les Femmes ça fait PD*, il me fait venir à 13 heures chez lui, rue de Verneuil. On entrait directement dans le salon où trônait le piano, le sol était en dallage noir et blanc ; les murs étaient tendus de serge noire.

– Je t'ai fait une chanson, mais à mon avis tu ne voudras jamais la chanter...

– Serge arrête ! Tu dis ça pour m'énerver ! Tu me mets au défi ?

– Viens, on va à l'étage regarder *Scarface...*

Il descend le grand écran, nous nous allongeons sur le lit recouvert d'une couverture en vigogne, il fait des tas de commentaires sur le film, nous chahutons, refaisons le scénario. Une fois redescendus au salon, il me dit :

– Bon t'es prête ? Je te la fais écouter, mais tu n'auras pas le culot de la chanter

« Les femmes, ça fait PD, c'est très très efféminé, tellement efféminé que ça fait PD... »

Il me regarde du coin de l'œil en rigolant...

– Elle est géniale, je vais la chanter

– Vraiment ?

– Et comment ! Mais pas pour t'emmerder, parce qu'elle est d'une drôlerie incroyable et, qu'en plus, c'est mon cas. Je fais PD, non ?

J'adore ce texte, il me correspond totalement, d'autant que j'ai eu pas mal de coups de cœur et même des amitiés amoureuses avec des homos bien disposés... La bisexualité n'est pas une invention des années quatre-vingt ! Lorsque je l'ai chantée aux Molières en 2003 il y avait quatre ou cinq « ex » dans la salle. Les dernières paroles sont : *« Les femmes, c'est tellement efféminé, hummm, qu'il y a plus d'un PD qui est resté ! »* Je leur faisais des clins d'œil... Quel succès, quel fou rire !

Les chansons de Serge étaient très osées pour l'époque, avant-gardistes. Elles chatouillaient les conventions là où ça faisait mal. Certaines, comme *Les Femmes ça fait PD*, aujourd'hui sont rigolotes. Au milieu des années soixante, il y en a beaucoup qui riaient jaune ! Il m'a vraiment gâtée, en revanche il en proposait aussi à Zizi Jeanmaire. J'en étais folle de rage ! Je me suis même fâchée avec lui quand il a donné *Élisa* à Zizi alors qu'il l'avait écrite pour moi. L'engueulade n'a pas duré longtemps. Nos vies étaient enlacées et nous ne pouvions nous passer l'un de l'autre. Il était de tous mes dîners « littéraires » du mardi. Comme Françoise. En grand intellectuel, il était friand des échanges qui avaient cours. Il y glanait les mots inhabituels, peu courant, c'était sa passion, le vocabulaire. Il aimait écouter les gens parler. Le soir où André Malraux est venu à la maison avec Jean Cau, Jane aussi était là, elle venait de débarquer sur le continent et ne maîtrisait pas du tout le français. Elle n'a su que plus tard qu'elle avait dîné avec André Malraux. Ça nous fait toujours beaucoup rire ! Pour la petite histoire, il faut savoir qu'André Malraux avait perdu, juste avant le dîner, une dent sur mon bidet où il s'était installé afin de boire un verre en attendant que je finisse de me faire coiffer. Il était arrivé en avance et je n'étais pas prête... Malraux est resté jusqu'à 6 heures du matin, son chauffeur montait toutes les vingt minutes, inquiet car habituellement le ministre quittait tous les dîners à 22 h 45. Mais comme j'avais placé Jean Cau en face de lui, il ne voulait pas lui laisser le dernier mot! Nous avons eu droit à une joute verbale tout en finesse, éclats, drôleries, panache quoique, par moments, assez dure.

Lors de l'un des fameux déjeuners que je donnais annuellement dans mon presbytère en Normandie, non loin de Deauville avec les gens du polo et de la café-society – et pour lesquels, en quinze ans, il n'a jamais plu – Serge, qui adorait ce moment particulier de l'année, me prend à part et me dit :

– Tu te rends compte de ce que tu fais. Te rends-tu compte de la façon dont nous traitent ces gens, nous les deux petits juifs de Pologne et de Russie ?

Il était fier, mais pas fier bêtement, nous les avions conquis et, fiers, nous pouvions l'être.

– Serge, leur affection n'est pas usurpée, tu as beaucoup de talent et ces gens savent reconnaître le talent. Il n'y a rien d'anormal.

– Si, si au contraire tout est anormal !

– Maintenant, Serge, que tu as eu ce succès fou avec toutes ces femmes, tu vis une histoire d'amour merveilleuse avec Jane, tu dois te regarder avec un peu plus de complaisance, non ?

– Je me regarde avec plus de complaisance ! mais J'ai toujours les oreilles aussi décollées et je suis toujours aussi laid... mais ne t'inquiète pas je serais le premier !

– Il serait quand même temps que tu comprennes que tu es beau. Moi je te trouve très beau et, tu le sais, je n'aime que les hommes beaux.

– C'est vrai que tu as du goût pour les hommes, alors si tu me trouves beau c'est que je ne dois pas être aussi laid que je le pense !

Nous avions des discussions interminables sur sa laideur...

En voyage à Venise avec Jane et Roger, il me prend par le bras et me dit :

– Viens, allons dans le ghetto

– Je ne savais pas qu'il y avait un ghetto à Venise

– Il y en avait un parce que les commerçants juifs venaient sur la Giudecca...

Nous voilà partis sous la pluie, au moment où nous passons sous le porche, la pluie cesse et le soleil apparaît. Dans la cour, une sublime fontaine. Sur la gauche la synagogue. De l'autre côté des immeubles peints aujourd'hui en vert, rose sur cinq ou six étages. C'est là que l'on entassait les juifs. Nous imaginons sans peine ce que cela avait dû être ; Serge et moi, nous sommes en pleurs. On sonne, le rabbin passe la tête par l'entrebâillement de la porte. C'est cocasse un rabbin qui te répond en italien ! *La synagoga e chiusa !* Nous avons beau lui expliquer que nous ne sommes que de passage, que nous devons repartir le lendemain à l'aube, il ne veut pas nous laisser entrer. Alors, Serge et moi avons fait notre crise de juifs errants, nous sommes partis dans la ville, et nous nous sommes pris une cuite mémorable ! Moi qui ne buvais pas et lui qui avait une certaine pratique de l'alcool, nous pleurions sur nous et sur tous ceux qui avaient disparu.

Plus tard Gainsbarre a pris de plus en plus de place, il disait qu'il faisait des chansons ringardes, qu'il devait changer de style, être plus moderne. Il a commencé la série des *Melody Nelson.*

Là aussi, évidemment. Il était génial. Cependant, comme je le lui ai fait remarquer après son dernier concert au Zénith, le moment où tous les gosses ont allumé leurs briquets, c'était pour *La Javanaise.* Je lui ai dit que c'était sa plus belle chanson. Il m'a répondu que non, la plus belle c'est *Les Petits Papiers.* Ces deux-là en tout cas sont pour moi les plus représentatives de son talent. Il me reprochait souvent de ne pas aimer Gainsbarre, ses orchestres de quarante musiciens et ses coups de gueule. Ce n'était pas vrai, même si j'ai toujours préféré le Gainsbourg classique, plus distingué, plus fin. Lui aussi avait sa fêlure. Nous avions comme cela des affrontements tendres, je lui disais d'abandonner Gainsbarre, il me disait d'abandonner la nuit...

Avant de mourir, il a tué trois docteurs, ils étaient là pour le surveiller et il les saoulait ! Il était incroyablement persuasif....

Je ne suis pas allée à son enterrement, j'étais vraiment trop triste et je n'avais pas envie d'avoir l'air d'une veuve éplorée, et puis il y avait toutes ses femmes... je suis restée chez moi, seule, je ne ferais jamais le deuil de Gainsbourg, il est là à tout jamais. Ne serait-ce qu'en chantant ses chansons...

Capone et sa petite Phillis... Combien ont compris ? Moi-même, au risque d'être ridicule, je lui ai posé la question. Il m'a foudroyée du regard et m'a dit :

– J'en étais sûr, tu me dis que tu adores les films de gangsters, mais c'est pour me faire plaisir.

– Mais tu rigoles, je connais toute l'histoire de Capone !

– Mais alors tu ne sais pas qu'il est mort de la syphilis ? Dans sa prison !

J'ai été prise d'un sacré fou rire ! *Ouvre la bouche ferme les yeux* fait se marrer les gens et pourtant c'est une chanson triste, comme Mallo Mallory qui se fait violer dans un garage... Beaucoup de chansons flirtent avec le sexe et la bonne morale, sans jamais être vulgaires. Ce sont juste des chansons déculottées et il faut avoir du culot pour les chanter !

C'est ce qu'il aimait en moi, c'est ce que j'aimais en lui.

Aujourd'hui, je vais lui consacrer mon prochain spectacle. Gainsbourg fait chanter Régine. Ce ne sera pas un hommage. Nous continuons simplement à dialoguer. Comme avec Françoise. À rire aussi !

Il n'y a pas d'adieu. Alors, à tout de suite !

TABLE DES MATIÈRES

Impression réalisée sur CAMERON
par BRODARD ET TAUPIN
La Flèche

pour le compte des Éditions du Rocher
en février 2006

Dépôt légal : février 2006
N° d'impression : 34315

Imprimé en France